AF174614

Alguien me quiere asesinar…
y creo que es mi marido

Título original: *Somebody is trying to kill me and I think
it's my husband: The Modern Gothic*
Diseño gráfico: Gloria Gauger
© Joanna Russ, 2026
© Del prólogo, Layla Martínez
© De la traducción, Virginia Maza
© Ediciones Siruela, S. A., 2026
c/ Almagro 25, ppal. dcha.
28010 Madrid Tel.: + 34 91 355 57 20
www.siruela.com
ISBN: 979-13-87688-71-4
Depósito legal: M-21.661-2025
Impreso en Anzos
Printed and made in Spain

Papel 100% procedente de bosques gestionados
de acuerdo con criterios de sostenibilidad

Joanna Russ

Alguien me quiere asesinar…
y creo que es mi marido

El gótico moderno

Traducción del inglés
de Virginia Maza

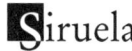

Siruela

Biblioteca de Ensayo 92 (serie menor)

Índice

Prólogo
por Layla Martínez

1
Tu casa es una trampa

A diferencia de otros subgéneros del terror como los zombis o los vampiros, cuya popularidad ha variado mucho de unas épocas a otras, la producción de novelas, películas y, más recientemente, series y videojuegos sobre casas encantadas se ha mantenido constante desde los inicios del género del terror, que se inaugura de hecho con *El castillo de Otranto*, de Horace Walpole, la novela que da comienzo a la vez a la literatura gótica y al subgénero de las casas encantadas a mediados del siglo XVIII. Es decir, mientras que la evolución del arquetipo del vampiro ha estado sujeto a picos y valles de popularidad desde que John Polidori se inspirara en el folklore europeo para crear al seductor y terrible

Lord Ruthven a principios del siglo XIX, las casas encantadas han disfrutado de una fama mucho más estable: una vez abiertas las puertas de Strawberry Hill House, la mansión en la que Walpole basó su novela, las casas encantadas nunca han dejado de atormentarnos.

Lo han hecho además siempre de una forma muy similar, lo que constituye otra diferencia importante respecto a otros subgéneros. Mientras en las diferentes oleadas de irrupciones del vampiro en la cultura popular se advierte una evolución que va desde el aristocrático y extranjero Drácula de los años treinta al adolescente y célibe Edward Cullen de los dos mil, pasando por el musculado y vengativo Blade de los noventa, las historias de casas encantadas se ha mantenido mucho más parecidas entre sí a lo largo de casi dos siglos de existencia como subgénero, y solo muy recientemente se ha empezado a advertir una tendencia algo diferente, aunque todavía titubeante y minoritaria. De forma tradicional, las casas encantadas son mansiones en las que comienza a manifestarse un fenómeno paranormal debido a una muerte violenta que sucedió en el pasado. La violencia de ese acontecimiento traumático impregna las paredes del edificio, que se convierte en una entidad maligna por sí mismo. Además de manifestarse en él los espíritus de las personas fallecidas en ese acto de violencia, es frecuente que la propia casa atormente a sus habitantes encerrándolos en sótanos y desvanes y los empuje a la locura modificando pasillos y escaleras, además de aterrorizarlos con cortes de luz, chirridos y portazos.

Este tropo se ha mantenido prácticamente invariable desde su aparición en *El castillo de Otranto*, que comienza con la muerte de uno de los hijos del protagonista con un objeto que cae del techo de forma inexplicable y donde pueden verse estatuas que sangran y retratos que salen de sus marcos, y puede rastrearse sin demasiada variación hasta películas recientes como *Hereditary* (Ari Aster, 2018) o las sagas que inauguran *The Conjuring* (James Wan, 2013) y *Paranormal Activity* (Oren Peli, 2007). De hecho, el rastro puede seguirse hasta mucho antes de que el terror se convirtiese en un género literario y cinematográfico. El libro *Sub luce maligna. Antología de textos de la antigua Roma sobre criaturas y hechos sobrenaturales*, de Gonzalo Fontana Elboj (Contraseña, 2021), dedica un capítulo a las leyendas sobre casas encantadas de la antigua Roma y en él ya aparecen elementos tan familiares como el sonido de arrastrar de cadenas o los objetos que se mueven solos.

Es cierto que en los últimos años hemos visto algunas variaciones interesantes en este subgénero que tienen que ver con la voluntad de que el terror refleje problemáticas sociales como la turistificación que provocan plataformas tipo Airbnb (*Barbarian*, Zach Cregger, 2022), el alto precio de la vivienda que obliga a compartir casa con desconocidos (*Nadie saldrá vivo de aquí*, Santiago Menghini, 2021, basada en una novela del mismo nombre escrita por Adam Nevill) o el racismo en un barrio de viviendas sociales (*His House*, Remi Weekes, 2020), pero la pervivencia de los elementos tradicionales en muchas otras cintas e incluso en gran medida en estas (la casa de *Nadie saldrá vivo de aquí*, por ejemplo, es una mansión antigua aunque se encuentre en un estado deplorable) hace que no pueda hablarse de un cambio de tendencia tan claro como en el caso de la evolución de los vampiros o los zombis.

Una primera razón de la popularidad que han mantenido las casas encantadas a lo largo del tiempo es fácil de intuir: salvo situaciones de extrema vulnerabilidad, todos los espectadores y lectores de estas historias viven en una casa, por lo que es fácil que se sientan identificados con lo que sucede en ellas, al menos más que con otros subgéneros. Probablemente nadie espera ser atacado por un zombi o mordido por un vampiro, pero todos nos hemos sobresaltado cuando un ruido nos ha despertado en mitad de la noche. Además, la separación entre las esferas pública y privada que la burguesía consolida en su ascenso al poder tras las revoluciones burguesas de los siglos XVIII y XIX instaura una forma de entender la casa como el lugar donde se desarrolla la vida privada frente a su exterior, que es donde tiene lugar la vida pública. El umbral de la vivienda marca simbólicamente la separación entre dos ámbitos fuertemente diferenciados: fuera tienen lugar los negocios, las transacciones mercantiles y las relaciones laborales, además de la administración de las leyes y el gobierno; dentro, la vida familiar y las relaciones eróticas. Esto por supuesto no es más que un ideal que nunca se cumple del todo porque las dos esferas están demasiado intrincadas para poder separarlas, pero determina la forma en que se organiza la sociedad y la manera en que los sujetos se construyen a sí mismos y desarrollan los deseos y expectativas sobre su vida. A diferencia del palacio aristocrático, que era a la vez el lugar de la política, de los negocios y de las relaciones familiares y que se concebía como un lugar transitado y habitado por personas con las que se tenían relaciones de todo tipo, desde contables a institutrices, consejeros, amigos, familiares lejanos, criados, lacayos o esclavos, y a diferencia también de la casa-taller de los artesanos, donde era imposible separar el negocio de la familia y donde era frecuente encontrar clientes y aprendices, la burguesía establecerá el ideal de la casa cerrada, restringida únicamente a la familia y a los criados que la sirven. La vivienda se convierte así en el lugar de descanso frente al ajetreo de la política y los negocios, un refugio donde encontrar alivio de las dificultades y los problemas de la esfera pública.

Este ideal, no obstante, está fuertemente marcado por el género: mientras los hombres participan del ámbito público, las mujeres son confinadas en el privado. Aparece entonces el arquetipo del ángel del hogar: la mujer que permanece en el interior de la casa dedicada a las tareas domésticas y de cuidados y cuya aparición en el espacio público es anecdótica, limitada en la práctica a los desplazamientos de un lugar a otro. Este arquetipo se convierte en el modelo de la mujer burguesa, no solo en cuanto a conducta, sino también en un sentido moral: se espera de ella que sea una madre abnegada y una esposa devota, que obedezca al marido, que tenga una fuerte piedad religiosa y que sirva de guía moral para el resto de la familia, no solo porque educa a los hijos sino también porque aleja al marido de los vicios y los peligros de la esfera pública, como el alcohol, el juego o los burdeles.

Aunque la burguesía, en tanto que clase dominante, intentó imponer este ideal a toda la sociedad, lo cierto es que en la práctica se limitó a las clases altas, porque las mujeres de las clases populares ocupaban la esfera pública en mayor medida debido a la necesidad de trabajar, el hecho de tener que ocuparse ellas mismas de tareas como hacer la compra y el mal estado de las viviendas. El modelo de las dos esferas tardó en arraigar en parte debido a lo insalubres que eran las casas y a la necesidad de compartirlas por el alto coste de las rentas, lo que hizo que las viviendas de la clase obrera estuvieran lejos de ser espacios privados que ocupaba una única familia. Lo más frecuente era encontrar varias familias hacinadas en una sola casa, compartir cocinas y baños con los vecinos o tener un solo dormitorio para todos los miembros, a veces separado únicamente por una cortina.

Otra fricción con el ideal de las dos esferas vino de las propias mujeres burguesas, para las que la casa estaba lejos de ser un lugar de descanso. Incluso las que disponían de criados para llevar a cabo las tareas domésticas y contaban con niñeras para encargarse del cuidado de los hijos tenían que ocuparse de la administración de la vivienda y la supervisión de los trabajadores. Por otro lado, con frecuencia el hogar tampoco era un refugio: confinadas en la vivienda y sometidas a la voluntad de su marido, no es difícil suponer que muchas de ellas sufrirían violencias de todo tipo.

Aunque el arquetipo del ángel del hogar ha perdido su preeminencia y solo se mantiene como modelo de conducta femenina en sectores muy tradicionales y conservadores de la sociedad, la idea de la separación de las dos esferas y la diferenciación de género que implica sigue plenamente vigente. Hoy todos entendemos la vivienda como el espacio donde se desarrolla la vida privada y esperamos de nuestra casa que sea el lugar donde encontrar descanso y refugio frente a las presiones y las exigencias del trabajo y frente al escrutinio y la mirada de los demás. En nuestra casa es donde nos sentimos cómodos para vestirnos con una camiseta vieja que no nos pondríamos en otro lugar o donde podemos tirarnos en el sofá a ver series durante toda la tarde.

Por supuesto, este ideal no es más que eso: una aspiración que no puede darse de forma completa en la realidad. No solo porque cuestiones como el teletrabajo resquebrajan la separación entre las esferas, sino porque la vivienda está lejos de ser un lugar de descanso: en él se realizan numerosas tareas relacionadas con la alimentación, la limpieza y el cuidado, en muchas ocasiones tan arduas, exigentes y largas como el trabajo que se realiza fuera de ella. Para poder sostener nuestra propia vida en unas condiciones adecuadas necesitamos preparar una gran cantidad de comida, asear nuestro cuerpo, lavar nuestra ropa, limpiar el lugar donde vivimos o conseguir alimentos, eso sin contar momentos de nuestra vida de especial vulnerabilidad como la infancia, la enfermedad o la vejez, donde necesitamos que otros nos ayuden a sostener esas condiciones adecuadas, y sin añadir exigencias más puramente estéticas, como el cuidado del cabello o el maquillaje. Muchas de estas tareas pueden externalizarse —podemos contratar personal de limpieza para la casa o disponer de un servicio de cuidados para niños y ancianos—, pero eso no elimina las tareas, simplemente las desplaza. Si contratamos un empleado para que limpie nuestra casa tendremos más horas de descanso, pero nuestra casa seguirá siendo un lugar de trabajo, solo que para otra persona, seguramente una mujer, en una situación económica peor que la nuestra y de raza no blanca.

La estructura patriarcal de la sociedad hace, además, que la presencia y el trabajo que se realiza en estas dos esferas no se distribuyan equitativamente. Aunque las mujeres han conquistado una buena parte de la esfera pública que se reservaba a los hombres en la versión tradicional del modelo, siguen encontrándose con inconvenientes como la brecha salarial, y estos se intensifican cuando nos centramos en el ámbito privado. El trabajo en el hogar no está distribuido de forma igualitaria en función del género, por lo que, mientras para muchos hombres el hogar puede ser un lugar de descanso, para las mujeres representa una segunda jornada de trabajo. La violencia patriarcal hace que tampoco sea un refugio: si echamos un vistazo a las estadísticas, es mucho más frecuente que una mujer sea agredida en su casa que en la calle porque la mayoría de agresiones las cometen los hombres de su entorno.

No obstante, el hecho de que aparezcan fricciones entre el modelo y la realidad no implica que el primero no siga ordenando la sociedad y conformando nuestras aspiraciones y deseos. En su mayoría, las mujeres que experimentan una doble jornada de trabajo dentro y fuera del hogar no cuestionan la idea de las dos esferas ni se plantean un modelo alternativo de organización social, sino que quieren un reparto más equitativo de las tareas dentro del hogar o aspiran a poder permitirse contratar a alguien para que se encargue de ellas. Es decir, lo que querrían es poder participar más de ese modelo, no sustituirlo por otro, lo que nos habla de la vigencia del mismo.

Esta vigencia está profundamente relacionada con el hecho de que el subgénero de las casas encantadas siga apelando a nuestros miedos y ansiedades. El hogar burgués clausurado al exterior, donde todo el que entra es alguien estrechamente vinculado con la familia, supone un cimiento importante para la idea de la casa como un espacio de terror. La casa encantada es siempre una trampa, un lugar que se cierra sobre sus habitantes y les impide escapar. Pero, además, el hecho de que esperemos que nuestra vivienda sea un lugar de descanso y refugio también está relacionado con este subgénero. En las novelas y películas sobre casas encantadas lo que encontramos son viviendas en las que comienzan a aparecer fenómenos terroríficos: las puertas se cierran solas, los muebles cambian de lugar, los cuadros se caen sin motivo aparente y aparecen presencias que no deberían estar ahí. La casa se convierte, en definitiva, en un lugar amenazante. No hay sitio donde refugiarse ni lugar al que huir: el terror se cuela dentro de nuestros armarios y anida en nuestros sótanos.

Por supuesto, el desarrollo del subgénero en sus casi dos siglos de vigencia ha hecho que la casa encantada sirva como metáfora de cuestiones muy diferentes entre sí, como las agresiones sexuales infantiles o los problemas del mercado de vivienda, pero todas ellas tienen la casa como eje central. Aunque la historia esté hablando de un problema que en principio parece ajeno a las dinámicas que se dan dentro del propio hogar, como la gentri-ficación de la ciudad, lo que está debajo de esa problemática social es que la casa ha dejado de ser una referencia vital segura. Los fantasmas pueden ser una alegoría de un suceso traumático que ocu-rrió en el pasado o de los rentistas que suben los precios de los alquileres, pero lo que hay de fondo es que la casa deja de ser un lugar de descanso y refugio, ya sea por la violencia que se ha vivido en ella o porque las constantes subidas de los alquile-res obligan a mudarse con frecuencia y a vivir en lugares con malas condiciones, además de que el propio hecho del alquiler impide tomar decisiones sobre la vivienda. En todos estos casos, ya sea por el temor a una agresión o por el temor a perderla, la vivienda se convierte en un lugar asfixiante, que nos produce ansiedad, miedo e inquietud en lugar de proporcionarnos alivio y descanso. La casa sigue siendo una trampa.

2
Tu marido quiere matarte

El subgénero de la casa encantada está profundamente relacionado con el tipo de novelas que analiza Joanna Russ en el texto que se incluye en este volumen. Russ centra su atención en una tendencia dentro de la literatura comercial que era muy popular entre las mujeres en el momento en el que escribe, a principios de los años setenta. Desde comienzos de la década anterior, en Estados Unidos se había popularizado lo que se conoció como el «gótico moderno», una actualización de la novela gótica en la que la casa tiene un lugar central no solo porque sirve de escenario de la trama sino también porque las propias características del edificio son cruciales para que se desarrolle.

Esta variante de la novela gótica no puede encuadrarse dentro del género del terror en un sentido estricto, porque, aunque en algunas de ellas aparecen sucesos que en un primer momento pueden parecer paranormales, como sombras extrañas o ruidos de procedencia desconocida, acaban teniendo una explicación lógica que se conoce antes de que acabe la historia. Comparten con el terror la intención de generar desasosiego, inquietud y temor en sus lectores, pero no forman parte de los géneros fantásticos porque todo lo que sucede en ellas tiene una explicación que queda dentro de los parámetros del realismo. Como si se tratase de un episodio de *Scooby-Doo*, cuando se le quita la sábana al fantasma, lo que hay debajo es una persona corriente que ha intentado engañar a la protagonista.

En la medida en que la trama de la mayoría de estas novelas gira en torno a un asesinato, bien porque ya se ha producido o bien porque se sospecha que se va a producir, se pueden considerar *thrillers*, si bien se trata de un tipo de *thriller* concreto que utiliza herramientas de la novela gótica y el terror para despertar emociones como la inquietud y el temor entre sus lectoras. El uso de elementos procedentes del subgénero de las casas encantadas es muy evidente: como señala Russ, todas estas novelas tienen lugar en mansiones aisladas y solitarias, y ese escenario es fundamental para lo que ocurre. La soledad y la amplitud de la casa, llena de estancias secretas, pasillos sombríos, desvanes abandonados y sótanos oscuros, hará posible que la protagonista sea aislada, manipulada y encerrada, condiciones necesarias para que la trama avance. Así, la ansiedad que produce en todos los lectores el hecho de que la casa en la que vivimos se convierta en un lugar amenazante se une a la especial inquietud que genera el modelo de las dos esferas en las mujeres, para las que la fricción entre el ideal de la casa como lugar de descanso y la realidad de ser un lugar de trabajo y, en muchas ocasiones, también de violencia, es más evidente que en los hombres. De esta forma, el tropo de la mansión gótica sirve a las autoras de estas novelas, que son casi todas mujeres, para reflejar las ansiedades de sus lectoras respecto a su rol en la sociedad. Si, como decíamos antes, se tratase de un capítulo de *Scooby-Doo*, lo que encontraría la protagonista debajo de la túnica del fantasma sería un hombre.

No obstante, estas no son las únicas ansiedades relacionadas con el género que aparecen en el gótico moderno. Como señala Russ, las protagonistas de estas novelas son siempre mujeres jóvenes que carecen de familia y amistades y que encarnan virtudes como la bondad y la amabilidad. Representan el ideal patriarcal de la mujer tímida e inexperta, que es guapa pero modesta y que se entrega por completo a la relación de pareja porque carece de otro tipo de vínculos o de intereses fuera de la relación romántica. Encarna una feminidad delicada y vulnerable, que no representa ninguna amenaza para los roles de género tradicionales y que se complementa a la perfección con el ideal patriarcal de los hombres como protectores y proveedores. Las protagonistas de estas novelas son, de hecho, una modernización del arquetipo victoriano del ángel del hogar: dulces, amables y femeninas, cuyo ámbito de actuación se reduce al interior del hogar, en este caso la mansión victoriana donde transcurre la trama, y que tienen un papel pasivo en todo lo que ocurre. De hecho, cuando intentan hacer algo por sí mismas la situación acaba en desastre. El arquetipo que representa la protagonista tiene su opuesto en el otro modelo de comportamiento femenino que aparece en este tipo de novelas, lo que Russ denomina la «otra mujer». Esta otra mujer es sofisticada, coqueta, impulsiva y desinhibida sexualmente, en ocasiones también adúltera, promiscua e inmoral. Con frecuencia, este personaje aparece como una sombra del pasado, una mujer ya fallecida pero que sin embargo sigue influyendo en los personajes.

Estos arquetipos femeninos se complementan con los dos modelos de comportamiento masculino que encarnan los hombres que aparecen en la novela. Uno de ellos es lo que Russ denomina el «supervarón», un hombre maduro que posee un aura magnética, siniestra y perturbadora y que desprecia a la protagonista, lo que no impide que ella se sienta atraída por él en una mezcla de miedo y fascinación. El otro es lo que Russ llama el «varón sombrío», un hombre aparentemente amable, divertido y tierno que trata bien a la protagonista pero que sin embargo tiene una cara oscura que se desvela a lo largo de la trama. Con frecuencia este varón sombrío quiere casarse con la heroína, pero esta acaba descubriendo que en realidad quiere matarla o que incluso ya ha matado a sus anteriores esposas.

Tanto los personajes femeninos como los masculinos aparecen como dobles: la protagonista tímida, buena y poco experimentada tiene su doble en la fascinante, inmoral y seductora esposa fallecida, y el supervarón atractivo, siniestro y áspero, en el varón divertido y amable pero que posee una cara oculta. En este juego de dobles es fácil ver algunas de las ansiedades que produce en las mujeres la división de géneros que prevalece en la sociedad. La protagonista encarna la ansiedad femenina por no ser suficiente para el hombre: la otra mujer es más fascinante, más experimentada y más hermosa, y la protagonista teme no poder alcanzar ese estándar. Tiene miedo de que los hombres prefieran a mujeres más sofisticadas y desinhibidas, y no la inexperiencia y timidez que ella encarna. Por otro lado, el hecho de que el hombre amable, tierno y divertido acabe teniendo una cara oculta y esconda secretos terribles representa la ansiedad femenina de no conocer a los hombres de su entorno. La protagonista no puede fiarse de las actitudes que tienen hacia ella: el que la trata bien resulta tener peligrosas intenciones ocultas y el que la desprecia y se burla de ella acaba siendo el que merece su confianza. En estas novelas, las motivaciones de los hombres aparecen siempre veladas y solo se conocen tras un largo proceso de desvelamiento que ocupa toda la trama y que en ocasiones pone en grave riesgo a la protagonista. El gótico moderno confirma la ansiedad femenina de que los hombres no son lo que parecen: las mujeres tienen razón en no fiarse de ellos.

No obstante, la forma en que confirma estas ansiedades está lejos de ser liberadora. La mujer segura, independiente y desinhibida es castigada, generalmente con la muerte, mientras que la pasiva, tímida e insegura es recompensada con el matrimonio, que en el pensamiento patriarcal tradicional es el objetivo que deberían tener todas las mujeres. Cada vez que la heroína intenta hacer algo por su cuenta sucede alguna desgracia que pone en riesgo su vida, y son siempre otros personajes los que descubren las verdaderas intenciones del varón sombrío. Pero además, el hecho de que, novela tras novela, el hombre que se burla de la protagonista, la trata mal y la desprecia acabe siendo el que merece su amor y con el que se casa manda un mensaje inquietante a las lectoras: si aguantas las burlas y los desprecios, acabarás recibiendo la recompensa del amor y el matrimonio. Mientras, el que se comporta con ella de forma cariñosa y la trata bien resulta tener motivaciones ocultas y ser un peligroso asesino. Estas novelas educan a las lectoras para que se comporten de una forma enormemente beneficiosa para el patriarcado: desconfía de quien te trate bien y cásate con el que te desprecia. Aunque el hecho de que estas novelas confirmen las ansiedades de las mujeres sobre lo peligrosos que pueden ser sus maridos podría leerse de una forma feminista, al menos en el sentido de confirmarles la necesidad de autoprotección, esta lectura se desmonta con el mensaje de que es solamente de los hombres que las tratan bien de quienes deben desconfiar.

3

Tu marido lleva mucho tiempo queriendo matarte

El esquema narrativo que Russ identifica en las novelas de lo que se conoció como el gótico moderno en los años setenta tiene una larga historia. Lejos de ser originales, estas novelas reproducían una y otra vez la trama de *Rebeca*, escrita por Daphne du Maurier en 1938. De hecho, como señala la propia Russ, los editores anunciaban los lanzamientos con el gancho comercial de que el libro se inscribía en la tradición de dicha novela, y las lectoras las compraban esperando leer una pequeña variación de esa historia. Con su agudeza para detectar las ansiedades de las mujeres blancas de clase media y alta, Du Maurier no había creado solo una novela, sino una fórmula narrativa que sería capaz de interpelar a las mujeres durante décadas y que, con algunos ajustes, sigue vigente hoy en día.

En *Rebeca* están ya casi todos los elementos que hemos descrito: la protagonista es una mujer joven, tímida e inexperta que llega a vivir a una mansión aislada después de casarse con un hombre mayor que ella, más experimentado y que se comporta de forma fría y distante, aunque durante la luna de miel ha sido amable y cariñoso. Sobre la protagonista planea la sombra de la anterior esposa de su marido, una mujer bella, elegante y sofisticada llamada Rebeca cuya presencia se siente por toda la casa. La protagonista acaba descubriendo que Rebeca no murió en un accidente náutico, como aseguraba su marido, sino asesinada por este en un arrebato de ira, harto de sus engaños y su doble vida. Este descubrimiento, sin embargo, no atemoriza a la protagonista, que lejos de rechazar a su marido por el crimen que ha cometido, se siente más unida a él que antes porque se disipan la inseguridad y el sentimiento de inferioridad que sentía respecto a la anterior mujer, ya que el asesinato hace que se dé cuenta de que su esposo no la idolatraba como el resto de gente que la conocía.

Russ también señala como influencia del gótico moderno la novela *Jane Eyre*, escrita por Charlotte Brontë en 1874. Aunque la trama sigue de forma más fiel el esquema argumental de *Rebeca*, hay también elementos de la obra de Brontë, como la mansión aislada, la protagonista modesta, tímida y solitaria, el supervarón que la trata con desdén y el secreto que se descubre a lo largo de la trama. Este secreto también está relacionado con la primera esposa del supervarón, aunque aquí no ha muerto, sino que permanece encerrada en el ático aquejada por la demencia. Aunque aquí la revelación del secreto sí hace que la protagonista rechace al varón, no se debe a que se indigne por el maltrato y el secuestro al que somete a su esposa, sino por el hecho de que esté casado. Cuando la esposa muere en el incendio de la mansión, la protagonista vuelve para casarse con él y formar una familia. De nuevo, la violencia de género que el hombre ha cometido contra su primera esposa no es motivo de alarma, así como tampoco el trato distante y frío que recibe la protagonista.

Este mismo argumento descrito por Russ puede encontrarse también en una serie de películas estrenadas durante los años cuarenta que, aunque quedan fuera del análisis de su texto, comparten todos los elementos que se describen en él y son un claro antecedente de las novelas del gótico moderno. A lo largo de esta década, las grandes productoras de Hollywood ruedan y estrenan varias películas dirigidas fundamentalmente a un público femenino. Con una gran cantidad de población masculina movilizada para combatir en la Segunda Guerra Mundial, los productores se dan cuenta de que son las mujeres las que están llenando las salas de cine, y comienzan a producir películas especialmente escritas para ellas. Aparece así un subgénero del cine negro que el crítico Emanuel Levy denominó «Don't Trust Your Husband», no confíes en tu marido. Este subgénero se inaugura con las tres primeras películas del ciclo estadounidense de Hitchcock que, como no podía ser de otra manera, comienza con la adaptación de *Rebeca* en 1940. Tras ella se estrenan *Sospecha* (1941) y *La sombra de una duda* (1943), a las que siguen cintas de otros directores, como *Luz que agoniza* (George Cukor, 1944), *Alma rebelde* (adaptación de *Jane Eyre* dirigida por Robert Stevenson, 1944), *El castillo de Dragonwyck* (Joseph L. Mankiewicz, 1945), *Encadenados* (también de Hitchcock, 1946), *La escalera de caracol* (Robert Siodmak, 1946), *Las dos señoras Carroll* (Peter Godfrey, 1947), *Voces de muerte* (Anatole Litvak, 1948) y *Pacto tenebroso* (Douglas Sirk, 1948).

Aunque en algunas se aprecian ciertas variaciones en la trama, todas ellas reproducen el argumento que puede verse en las novelas del gótico moderno. Así, por ejemplo, en *La sombra de una duda* el varón sombrío es el tío de la protagonista en lugar de su pretendiente, y en *La escalera de caracol* su empleador, pero en definitiva se trata de mujeres jóvenes, inexpertas y tímidas que acaban descubriendo el terrible secreto del hombre que aprecian, generalmente que ha cometido un asesinato. Aparte de *Rebeca*, la más famosa de estas películas será *Luz que agoniza, Gaslight* en su título original, que acabó dando origen a la expresión «hacer luz de gas» para referirse a un tipo de manipulación dirigida a que la víctima cuestione su propia percepción de la realidad y dude de su memoria y su cordura. En ella, el marido de la protagonista simula que en la mansión en la que viven están sucediendo fenómenos paranormales como ruidos de pasos en el desván o bajadas de la intensidad de luz con el objetivo de volverla loca y poder hacerse con las joyas que ha heredado de su tía, a la que también pertenecía la mansión. La película parece decir a la espectadora que lo más terrorífico de una casa encantada es en realidad su marido.

Además de la influencia de la novela gótica, que se refleja sobre todo en el escenario donde tiene lugar la trama y en la sensación de amenaza que acecha a la protagonista, y del cine de los años cuarenta, donde ya están todos los elementos que menciona Russ, las novelas del gótico moderno beben también de la literatura romántica. Como en las novelas románticas, lo que hay en el centro de la trama es una relación de pareja, ya sea presente, porque la protagonista acababa de casarse, o futura, porque aspira a hacerlo con alguno de los personajes masculinos. Asistimos a cortejos por parte del varón sombrío, vemos las dudas de la protagonista sobre las intenciones de los hombres que la rodean, sufrimos con sus dudas y decepciones amorosas y nos alegramos con su boda, o al menos esa es la intención de la novela. Sin embargo, como señala Russ, el gótico moderno se diferencia del género romántico en que es extremadamente conservador en lo que tiene que ver con la erótica. Si el primero sirve en gran medida como expresión de las fantasías, las expectativas y los deseos femeninos, tanto románticos como eróticos, en el gótico moderno la heroína es un ser virginal que no parece tener ningún interés en el sexo, y las pocas expresiones de deseo que encontramos por parte de los demás personajes son siempre reprobadas moralmente. Incluso en los casos en los que la heroína está casada, todo lo que las lectoras pueden esperar es un casto beso. La sexualidad únicamente aparece como un rasgo del carácter de la primera mujer del supervarón, a la que se describe como experimentada y desinhibida, en algunas ocasiones también infiel, es decir, lo opuesto a la casta y tímida protagonista. El hecho de que la primera esposa haya muerto, con frecuencia a manos de su marido, y la protagonista en cambio consiga casarse con el supervarón, manda un mensaje claro a las lectoras sobre cuál es el comportamiento censurable y cuál el que tiene recompensa dentro del marco patriarcal.

4
El estado natural de la mujer casada
es el de la paranoia

La tendencia que describe Russ en los años setenta como gótico moderno ha sido denominada más recientemente *domestic thriller, domestic noir* o «suspense doméstico», un subgénero de la novela negra que tiene como escenario la vivienda familiar. Aunque el término se había empezado a utilizar unos años antes en la crítica de cine, fue popularizado en 2013 por la novelista Julia Crouch, que en su blog lo describió con varias de las características que señala Russ y que hemos visto también en obras como *Rebeca* y *Jane Eyre* o en el cine estadounidense de los años cuarenta: un subgénero que se caracteriza por transcurrir en el interior de la casa, ocuparse principalmente de la experiencia femenina, tener en su centro las relaciones íntimas y adoptar una perspectiva feminista que considera la esfera doméstica un lugar que puede ser peligroso para sus habitantes.

Con esta etiqueta, Crouch hacía referencia a una tendencia que se estaba dando en la novela comercial en ese momento y que ha seguido vigente hasta hoy, pero lo cierto es que, como hemos empezado a esbozar en el apartado anterior, el suspense doméstico tiene una larga historia. Sin duda, uno de los relatos fundacionales del subgénero es «El papel pintado amarillo», publicado en 1892 por Charlotte Perkins Gilman y que cuenta la historia de una mujer casada que es sometida a la cura de reposo tras haber dado a luz a su primer hijo. Encerrada en una habitación infantil de la casa que su marido ha alquilado para que pueda descansar y sin otros estímulos que mirar los dibujos del empapelado de la pared, ya que le han prohibido actividades como la lectura o la escritura y tampoco se ocupa del trabajo doméstico, la protagonista empieza a desmoronarse psicológicamente, descendiendo a un estado de paranoia que le hace creer que hay una mujer atrapada en el papel de la pared. El relato ha sido leído con frecuencia como una descripción de la depresión posparto, y sin duda puede ser entendido así; pero además reúne las características que señala Crouch para el suspense doméstico, ya que tiene lugar dentro de una vivienda y se centra en la experiencia de confinamiento de la protagonista, que ha sido encerrada por su marido y el médico que la trata.

Además de *Rebeca*, que vio la luz en 1938, en los años cuarenta y cincuenta también se publicaron en Estados Unidos una buena cantidad de *thrillers* escritos por mujeres, algunos de los cuales se adscriben dentro del subgénero del suspense doméstico o comparten buena parte de sus características. En estas décadas tenemos a autoras como Dolores Hitchens, conocida sobre todo por la serie de novelas protagonizada por Rachel Murdock, una anciana que investiga crímenes y de la que en español solo puede encontrarse *La gata lo vio todo* (publicada originalmente en 1939, pero que en español no se ha editado hasta 2024 en RBA); Vera Caspary, a la que le llegó la fama tras la exitosa adaptación al cine de su novela *Laura* (escrita en 1941, publicada en español en 2016 en Alianza); Charlotte Armstrong, cuya novela *The Unsuspected* se convirtió en un éxito tras su publicación en 1946; Dorothy B. Hughes, cuya novela *En un lugar solitario* se hizo célebre a partir de su adaptación al cine, si bien la película traiciona el carácter feminista de la novela (publicada originalmente en 1947, en español en 2019 por Gatopardo); Celia Fremlin, que ganó el prestigioso Premio Edgar de Novela Criminal gracias a su obra *Las horas antes del amanecer*, publicada en 1958 (Alba, 2024); o Margaret Millar, célebre por su novela *Un extraño en mi tumba*, publicada en 1960 (RBA, 2008).

Aunque muchas de estas novelas son *thrillers* más cercanos al policial que al doméstico, como *La gata lo vio todo* o *En un lugar solitario*, todas ellas se centran en la experiencia femenina y giran en torno a la idea de la casa como trampa y en el peligro que pueden suponer para las mujeres las relaciones de pareja, lo que les otorga una interesante lectura feminista que además, y a diferencia de los *thrillers* cinematográficos de los años cuarenta o del gótico moderno que describe Russ, no se desvirtúa con la inclusión de arquetipos arraigados en posturas fuertemente patriarcales. Aquí, las protagonistas no son pasivas, sino que son ellas las que resuelven el misterio; no hay personajes que sirvan a modo de corrección disciplinaria para las lectoras, como la esposa muerta que se caracterizaba por sus experiencias sexuales; y las relaciones románticas no se entienden como un premio que se les concede a las mujeres cuando estas perseveran en la relación a pesar del desdén del hombre o de su pasado como asesino de sus anteriores esposas.

Esto mismo sucede en *Un extraño en mi tumba* y *Las horas antes del amanecer*, que se incluyen plenamente en el subgénero del suspense doméstico y en las que hay una interesante exploración de la neurosis femenina desde un punto de vista feminista. En el primero, Daisy, la protagonista, empieza a tener pesadillas en las que ve su propia tumba con las fechas de su nacimiento y su muerte, ocurrida cuatro años antes. Cuando descubre que la tumba existe realmente, se obsesiona con averiguar qué ocurrió el día de su supuesta muerte, y en el proceso de investigación no solo irá entrando en un estado de paranoia cada vez mayor, sino que descubrirá que su supuesta vida idílica de esposa de clase media en un apacible barrio residencial está lejos de ser cierta. En *Las horas antes del amanecer*, asistimos al proceso de quiebra mental de Louise, un ama de casa de clase media que es madre de tres hijos, uno de ellos un bebé de siete meses que

llora sin descanso todas las noches. Las dificultades económicas la empujan a alquilar el cuarto del
desván a una profesora que enseguida empieza a
tener comportamientos que a Louise le parecen
extraños, lo que empeora el estado de paranoia en
el que se encuentra. En ambos libros, el derrumbe
psicológico de las protagonistas tiene su causa en
la opresión patriarcal que sufren, tanto a manos
de sus maridos, que les mienten y las manipulan y
que por supuesto no se ocupan de la crianza ni del
trabajo doméstico —lo que no les impide protestar
cuando este no se ha hecho a su gusto—, como de
la sociedad en general, que las juzga como esposas
y madres y las presiona para que se adapten a unos
determinados estándares.

Además, a diferencia de las películas de Hollywood de los años cuarenta que veíamos en el apartado anterior, aquí hay una interesante crítica a la
institución familiar. En estos *thrillers*, el matrimonio
y la familia son una fuente de peligro para la mujer,
que no solo puede acabar muerta a manos de su
marido sino también tan profundamente alienada
de sí misma que pierda la capacidad de saber quién
es y de diferenciar la realidad de la ficción. El estado natural de la mujer casada es el de la neurosis y
la paranoia, ya que la casa, que, según la división de

roles del patriarcado, tenía que ser un lugar seguro, es en realidad una trampa, y que su marido, que tendría que ser quien la protegiese, es en realidad alguien peligroso en quien no puede confiar. En su versión estadounidense, esta crítica se extiende hasta el barrio residencial, que en los años cincuenta comenzó a representar el ideal utópico para las familias blancas de clase media. Con sus calles sin tráfico y sus casas sin vallas, además de por supuesto su homogeneidad racial y de clase, los barrios residenciales simbolizaban la utopía capitalista de la clase media, que podía sentirse segura alejada de los vicios de la ciudad y los peligros de la mezcla racial. Sin embargo, si algo muestra el *thriller* doméstico es que estas viviendas unifamiliares con porche y barbacoa están llenas de peligros, y que en sus sótanos se esconden toda clase de secretos que ponen en riesgo a las mujeres, los adolescentes y los niños.

5
Que tu marido quiera asesinarte
no es razón para que las cortinas
no combinen con los cojines

El *thriller* doméstico sigue gozando de mucha popularidad hoy en día, tanto en novela como en cine y series. Una buena parte de él es heredera de los arquetipos patriarcales que describe Russ en lo que denomina el gótico moderno, aunque también es posible encontrar narrativas mucho más cercanas a las obras que describimos en el apartado anterior, donde este subgénero es utilizado como herramienta para hacer una lectura crítica del matrimonio heterosexual y la familia patriarcal, además de para mostrar la situación límite en que la opresión patriarcal deja a las mujeres.

Dentro del primer grupo se encuentran algunas de las novelas más vendidas de los últimos años, de autoras tan conocidas en el género como Shari Lapena y Freida McFadden. Lapena publicó en 2016 *La pareja de al lado,* de la que se calcula que se han vendido unos cuatro millones de ejemplares en los treinta idiomas a los que ha sido traducida, aproximadamente trescientos cincuenta mil de ellos en España. La novela gira en torno a una pareja que acaba de tener un bebé y se ha mudado a un barrio residencial de clase alta. Con el objetivo de hacer amigos, aceptan una invitación para cenar en la casa de al lado, pero su vecina les pide que dejen al bebé durmiendo para que no interrumpa la cena. Aunque lo vigilan con una cámara y ambas casas están al lado una de la otra, el bebé desaparece mientras sus padres están fuera. La desaparición da comienzo a una investigación policial, pero también al desmoronamiento de la pareja, que se culpa mutuamente de la situación. La lectora no tarda en averiguar que es el padre del bebé el que lo ha hecho desaparecer, pero acompaña a la madre en la espiral de sospechas y mentiras en las que se ve inmersa, que poco a poco va deteriorando su salud mental. Aunque estos elementos podrían hacer pensar en los *thrillers* domésticos que comentábamos antes, en los que la lectura feminista procede de señalar la opresión patriarcal, que aquí es ejercida por el marido pero también por las expectativas y exigencias sociales sobre la maternidad y el matrimonio, como causante del deterioro psicológico de la protagonista, esta posible lectura queda desmentida, al menos parcialmente, en el capítulo final, donde averiguamos que la madre ha tenido graves problemas psicológicos desde pequeña y que acaba de asesinar a su vecina, con la que su marido le fue infiel. Este último capítulo descarga al esposo de tener responsabilidad en el deterioro de la salud mental de su mujer, ya que ella estaba enferma de antes, pero además, difumina el mensaje de que la esfera doméstica no es un lugar seguro para las mujeres y los niños. Es cierto que el padre ha sido responsable del secuestro del bebé, pero sus razones, relacionadas con el mal funcionamiento de su empresa y la negativa de su suegro a darle financiación a pesar de su riqueza, se explican de forma pormenorizada a lo largo del libro, y en cualquier caso el bebé no sufre daños ni está expuesto a ningún peligro durante su supuesto secuestro. El acto de la madre, en cambio, no solo es mucho más grave, sino que además es profundamente irracional, ya que la justificación de la infidelidad no parece suficiente para un castigo tan severo, y en cualquier caso ha cometido el crimen en medio de una disociación tan fuerte que ni siquiera recuerda lo que ha hecho. Cuando acaba el libro, es el marido el que está aterrorizado por la persona con la que está compartiendo la vivienda.

Menos ambiguo aún en lo que se refiere a la reproducción de los arquetipos patriarcales es *La mujer de arriba*, una novela publicada en 2024 por

Freida McFadden, conocida por ser la autora de la saga *La asistenta*, cuyas ventas en todo el mundo se cifran en torno a los quince millones de ejemplares. La novela está escrita desde el punto de vista de Sylvia Robinson, que al inicio de la narración es contratada para ser la asistenta de Victoria Barnett, una mujer joven que ha sufrido un grave accidente y apenas puede moverse ni hablar. Victoria parecía tenerlo todo: una carrera profesional que le gustaba, un marido cariñoso y una enorme mansión a las afueras, además de belleza, inteligencia y carisma. Sylvia, en cambio, no tiene dinero, acaba de romper con su pareja, se siente fea y torpe, es insegura y carece de habilidades sociales. Sin embargo, mediante extractos del diario de Victoria, que esta le entrega a Sylvia, vamos descubriendo que su vida estaba lejos de ser perfecta y que su guapo, rico y encantador marido comenzó a controlarla, aislarla y maltratarla en cuanto se casaron. Si bien la colaboración entre las dos mujeres es interesante desde un punto de vista feminista, esta lectura se ve desmentida por las vacilaciones de Sylvia, que tiende a creer al marido, por la muerte de Victoria en un segundo accidente en el interior de la casa y por el final de la novela, donde la protagonista es rescatada por su anterior pareja, que la ha estado acosando durante toda la trama.

Se reproducen sin apenas cambios o evolución los arquetipos que señala Russ en el gótico moderno: Sylvia representa a la protagonista tímida, insegura y solitaria que llega a la mansión aislada; Victoria, a la anterior esposa que muere como castigo a su independencia y atractivo erótico; el marido es el varón sombrío, un personaje masculino tierno y cariñoso que parece querer conquistar a la protagonista pero que sin embargo esconde un terrible secreto; y la anterior pareja de Sylvia es el supervarón, que, aunque la trata mal, acaba rescatándola y casándose con ella. Si bien Sylvia es algo más activa en el descubrimiento del secreto del varón sombrío que las protagonistas de las novelas descritas por Russ, lo cierto es que la mayor parte de las averiguaciones se las proporciona Victoria o se las encuentra por casualidad, lo que la convierte en un personaje fundamentalmente pasivo. Pero quizá lo más interesante desde el punto de vista de la reproducción de los valores patriarcales es el hecho de que la protagonista vuelva con su pareja después de que este la haya estado acosando sin descanso. La protagonista es perseguida, vigilada y controlada por su ex en un comportamiento que ella misma interpreta como acoso en varias ocasiones y que la lleva a bloquear su número y cortar todo contacto con él, pero esto no evita que en el capítulo final él la salve del varón sombrío cuando este está a punto de matarla y reanuden la relación. Desde un punto de vista feminista, el mensaje es escalofriante: el hombre que acosa y controla a la protagonista es el que la quiere de verdad.

Por suerte, no todos los *thrillers* domésticos que se publican o estrenan actualmente tienen un mensaje tan terrible. Algunos, como *Mi marido* (Nórdica, 2025), publicado en 2021 por la autora francesa Maud Ventura y que ha sido un éxito de ventas tanto dentro como fuera de su país, son herederos del *thriller* doméstico que exploraba la locura femenina como un producto de la opresión patriarcal. La protagonista de *Mi marido* parece tener una vida envidiable: es exitosa en su carrera profesional, posee una apariencia deslumbrante y tiene una familia maravillosa con la que vive en un barrio residencial de las afueras. Sin embargo, debajo de las apariencias encontramos una personalidad neurótica, obsesiva y controladora que lleva un registro de cada una de las acciones de su marido en una serie de libretas y que planea de forma meticulosa todo lo que ella misma hace durante el día, ya sea la ropa que va a ponerse o el tiempo que va a dedicar a hablar con sus hijos. Si bien Ventura juega con la ambigüedad moral de algunas de las acciones que realiza el personaje y hace dudar a los lectores sobre si deben o no empatizar con él, en el capítulo final acabamos descubriendo que el marido fomenta en secreto la neurosis de su esposa manipulándola para que actúe como él quiere y haciéndola dudar de su propia memoria.

En los últimos años también hemos asistido a la aparición de varias series que se adscriben al género del *thriller* doméstico. La que inauguró esta tendencia en la ficción televisiva fue la famosa *Desperate Housewives*, emitida entre 2004 y 2012, a la que han seguido otras también muy conocidas como *Big Little Lies* (2017-2019), *The Affair* (2014-2019), *Sharp Objects* (2018, basada en un libro de Gillian Flynn), *Little Fires Everywhere* (2020, adaptación de una novela de Celeste Ng), *The Undoing* (2020), *The Staircase* (2022), *Dead to Me* (2019-2022) o *Love and Death* (2023). En el cine también encontramos numerosos ejemplos, varios de ellos adaptaciones de novelas superventas, como *Perdida*, publicada por Gillian Flynn en 2012 y convertida enseguida en un *best seller* internacional, *La chica del tren*, publicada en 2015 por Paula Hawkins, o *La mujer en la venta-*

na, que vio la luz en 2018 y cuyo autor es A. J. Finn. A ellas se unen otros *films* como *Holland, Michigan* (Mimi Cave, 2025) o *Mothers' Instinct* (Benoît Delhomme, 2024).

Aunque en ellas se advierte una mayor variedad en cuanto a desarrollo de la trama y tipos de personajes que en el cine estadounidense de los años cuarenta o en las novelas del gótico moderno, y aunque algunas de ellas subvierten el esquema tradicional de este subgénero centrándose en la cuestión de la clase, como *Little Fires Everywhere*, la mayoría está fuertemente emparentada con los arquetipos que describe Russ, si bien en muchos casos traídas a un contexto más cercano a los espectadores. En lugar de la mansión victoriana encontramos el chalé unifamiliar del barrio residencial, y en lugar de la joven tímida e inexperta, las protagonistas de estas series y películas son más maduras y experimentadas, por lo general amas de casa de clase media y alta. Otra diferencia importante es que muchas de estas películas tienen como una de las claves de la trama la relación entre varias mujeres, algo de lo que estaban privadas las solitarias protagonistas del gótico moderno. Estas relaciones son enormemente complejas y conflictivas y pueden ir desde una amistad muy íntima a los celos, la competitividad, la traición, la manipulación o todo ello a la vez. En algunos casos, como *Desperate Housewives, Big Little Lies, Little Fires Everywhere* o *Mothers' Instinct,* esta relación es incluso más importante que la que mantienen con sus parejas, que queda en un segundo plano. La mayor independencia y experiencia de las protagonistas y el hecho de que mantengan relaciones significativas con otras mujeres tiene que ver con la intención de conectar con un público al que el discurso feminista ha llegado en mayor medida de lo que lo había hecho en los años cuarenta o setenta. No obstante, aunque es fácil apreciar la influencia del feminismo en muchas de estas ficciones, es cierto que se trata de un feminismo limitado en cuanto a sus objetivos y alcance, que se centra en la igualdad de derechos y que tiene como destinatario a las mujeres blancas de clase media y alta, ignorando al resto.

Además, la influencia del discurso feminista no impide que se sigan reproduciendo opresiones profundamente patriarcales. Una que es común a casi todas estas obras es la importancia de la estética en la ropa y la decoración de la casa de las protagonistas, que además suelen tener buena mano con la cocina y la repostería y con frecuencia practican aficiones de clase media como la jardinería. En estas series y películas es habitual encontrar un esmerado cuidado en el vestuario y la vivienda de los personajes femeninos, que visten ropas caras perfectamente conjuntadas, cuidan mucho su cabello y se maquillan de forma discreta pero favorecedora, y son recurrentes las escenas en las que estos personajes sirven cenas suculentas que acaban de preparar o realizan alguna labor de jardinería poco exigente, como plantar flores. Este interés estético por la comida, la decoración y el vestido lo detecta también Joanna Russ en las novelas del gótico moderno, que están llenas de largas y pormenorizadas descripciones de platos de comida y prendas de ropa. Para Russ, esto responde a que las novelas van dirigidas a un público formado principalmente por amas de casa de clase media que cocinan, decoran la casa y compran ropa para ellas y su familia. El hecho de que el tipo de ropa que llevan, las labores que realizan y las aficiones que cultivan estén tan ligadas a los roles tradicionales de las mujeres tiene que ver con que se trata de un público creyente en la mística de la feminidad que describió Betty Friedan en un libro del mismo nombre publicado en 1963.

En su ensayo, Friedan identificaba un ideal social imperante en las décadas de 1940, 1950 y principios de 1960 que defendía la realización de la mujer a través de su rol de esposa, madre y ama de casa y que fue promovido de forma agresiva por revistas, películas, anuncios y programas de radio. Según este ideal, las mujeres solo podían encontrar la verdadera felicidad y la realización personal en su rol de madres, esposas y amas de casa, lo que implicaba un abandono de las ambiciones intelectuales y profesionales que pudieran tener, que con frecuencia eran ridiculizadas, y la negación de su propio deseo, ya que sus aspiraciones y expectativas personales tenían que supeditarse a las necesidades y los deseos de sus hijos y esposo. La feminidad tradicional encarnada en la madre devota y la esposa sumisa no era obstáculo sin embargo para que se alentara a las mujeres a tener unos elevados niveles de consumo, ya que debían comprar los electrodomésticos, la comida y los productos que mantuvieran su hogar en un estado perfecto y a la última moda.

Para Friedan, la imposición de este ideal de feminidad tenía como resultado una profunda insatisfacción y sensación de vacío en las mujeres, que con frecuencia veían deteriorada su salud mental y sufrían ansiedad, depresiones y dependencias del alcohol y los medicamentos. Aunque su vida era aparentemente perfecta, la realidad era que su rol de madre y ama de casa les impedía desarrollarse como individuos debido a la represión de sus inquietudes y deseos personales, que eran constantemente ignorados.

Para Russ, las novelas del gótico moderno estaban pensadas para un público que creía en este ideal pero utilizaba la ficción para evadirse de su vida cotidiana, por lo que a la vez evitaban y enaltecían los roles femeninos tradicionales. Las protagonistas nunca aparecían realizando las labores domésticas más duras, y con frecuencia se encontraban de vacaciones o de luna de miel cuando transcurría la trama de la novela, pero entendían de ropa, decoración y cocina porque esas tareas conformaban la vida cotidiana de las lectoras. En estas novelas no encontramos una crítica a los roles tradicionales o un cuestionamiento del ideal hegemónico de feminidad, sino una fantasía escapista que permitía que las lectoras se olvidasen durante un rato de sus obligaciones.

La razón de que encontremos esta misma creencia en la mística de la feminidad en los *thrillers* domésticos recientes no parece muy diferente de las motivaciones que señala Russ para el gótico moderno. Si bien el feminismo ha conseguido acabar con la hegemonía de este ideal y, salvo en sectores muy conservadores de la sociedad, actualmente son mayoría las mujeres que trabajan fuera de casa, siguen siendo las que se encargan en su mayor parte del cuidado de los hijos y del trabajo doméstico. Es decir, el público al que van destinadas estas series tiene más posibilidades de desarrollarse intelectual y profesionalmente, pero sigue asumiendo de forma mayoritaria las tareas reproductivas. Así, estas ficciones tienen también para ellas una función escapista, ya que se elimina la parte más ardua y desagradable de los cuidados y las tareas domésticas y se muestra una visión estetizada de las labores más creativas y agradables, como cocinar una tarta o encargarse del jardín. En estas series nunca se friega el inodoro o se quita el vómito de la ropa: el ámbito doméstico aparece siempre ordenado, limpio, equipado con electrodomésticos nuevos y decorado con buen gusto. La protagonista puede estar atrapada con un esposo del que sospecha que quiere matarla, pero las cortinas de la ventana siempre combinan con los cojines del sofá.

6

A las mujeres les gustan las ficciones
en las que sus maridos quieren matarlas

A priori puede resultar extraño que el público al
que iba dirigido el gótico moderno, que eran fundamentalmente mujeres de clase media, la mayoría
de ellas casadas, disfrutase de novelas en las que la
protagonista sospecha que su marido quiere matarla. Es lógico pensar que un público como este no
querría leer ficciones en las que un personaje con
el que pueden identificarse es manipulado, enga-
ñado, encerrado y sufre varios intentos de asesinato a lo largo de la trama. No obstante, lo cierto es
que estas mujeres encontraban en el gótico moderno una lectura reconfortante, algo que se debe
tanto a las propias características del género como
a las complejas relaciones que se establecen entre
las obras y el público que disfruta de ellas.

En lo que se refiere a las características específi-
cas del género, Russ defiende que el hecho de que
las mujeres leyesen estas novelas como literatura
de evasión tiene que ver con la mística de la feminidad. Como señalábamos antes, en la medida en
que estas novelas evitan y a la vez ensalzan el rol de
ama de casa, permitían que sus lectoras se sintie-

sen reconocidas en su papel, pero al mismo tiempo pudiesen olvidarse durante un rato de los aspectos más duros del mismo. Las largas descripciones de platos de comida, objetos de decoración y prendas de ropa creaban un universo familiar y reconocible para las lectoras, y el hecho de que este universo se presentase estetizado y desprovisto de sus elementos más tediosos y pesados les permitía evadirse de su cotidianidad. En estas novelas, el trabajo propio de las amas de casa aparece como labores elegantes, creativas y bonitas, algo que puede resultar reconfortante cuando el modelo de comportamiento de la mística de la feminidad obligaba a las mujeres a ocupar una posición secundaria respecto de las necesidades y los deseos de su marido y sus hijos. Las lectoras podían encontrar aquí el reconocimiento que se les negaba tanto en el interior de sus casas, donde lo importante era la carrera profesional de su marido y los logros de sus hijos, como en la sociedad, donde su trabajo era invisibilizado y considerado secundario respecto al que desarrollaban los hombres en la esfera pública. La forma elegante y estetizada en la que se producía este reconocimiento les permitía olvidarse además de la parte más pesada, aburrida y desagradable de sus tareas, que nunca aparecía en las novelas.

Esta doble función como literatura reconfortante y a la vez evasiva no solo se producía en el ámbito del trabajo doméstico, sino también en lo relativo a la relación con los hombres. Los miedos de la protagonista a que su marido quisiera matarla reflejan las ansiedades de las mujeres en un matrimonio profundamente desigual en el que debían obedecer y someterse a sus esposos. Esto no quiere decir que la mayoría de ellas albergasen ese tipo de sospechas, pero sí que los miedos de la protagonista reflejaban su propia situación de indefensión. Además, en el momento en que escribe Russ, a principios de los años setenta, cuestiones como la violencia de género o las violaciones dentro del matrimonio eran considerados asuntos privados que debían mantenerse dentro de las paredes de la casa, por lo que no parece extraño que las mujeres que los sufrían se sintiesen reconocidas en la sensación de paranoia y ansiedad que experimentan las protagonistas.

No obstante, la crítica a las instituciones de la familia y el matrimonio que podrían tener este tipo de novelas al revelar los peligros que vivían las mujeres dentro de sus hogares es anulada por la forma en que se resuelve la trama, en la que la protagonista acaba felizmente emparejada con el hombre que ha estado tratándola con burlas y desprecios a lo largo de toda la novela. Muchas veces, se descubre que es incluso el asesino de su anterior esposa, pero esto no supone ningún impedimento para la felicidad del nuevo matrimonio. Aunque pueda parecer extraño, es lógico que esta resolución de la trama resulte reconfortante para una mujer cuyo matrimonio es profundamente desigual y quizá violento: si se aguantan los desprecios y se comprenden las verdaderas razones que tienen los hombres para hacer lo que hacen, incluso cuando esto es objetivamente reprobable, se obtiene como recompensa la felicidad conyugal.

Por otro lado, como sucedía con las tareas domésticas, en las novelas del gótico moderno nunca aparecían los problemas cotidianos de los matrimonios. La protagonista vive situaciones peligrosas y pasa miedo pero, en el fondo, se trata de aventuras emocionantes que siempre acababan resolviéndose bien. Los personajes masculinos realizan acciones divertidas, peligrosas o terribles, pero nunca cotidianas: no se pasean en calzoncillos por la casa exigiendo un pantalón limpio ni gritan cuando la cena se retrasa un poco más de lo normal. En estas novelas, el matrimonio se presenta como una relación emocionante y arriesgada que además siempre tiene un buen final, no como algo que en ocasiones puede ser tedioso y desagradable.

El amor romántico aparece sublimado: lo que estas novelas dicen a las lectoras es que es posible conocer a un hombre rico, guapo e inteligente, y que este puede enamorarse de alguien como la protagonista, es decir, de una mujer corriente en cuanto a belleza y talento. Además, para conseguirlo no tiene que hacer nada, solo esperar a que él actúe y, cuando lo haga, aguantar sus malos modos y comprender las razones que hay detrás de sus actos. Su bondad recibirá la recompensa que espera, mientras que las mujeres independientes, desinhibidas y sensuales son castigadas porque en el fondo son malas y crueles. El mensaje de estas novelas es que los hombres no las quieren de verdad: puede que se sientan atraídos por ellas, pero cuando se dan cuenta de su verdadera naturaleza, acaban eligiendo a las mujeres sencillas y modestas.

Estas novelas reconfortan a unas lectoras a las que la mística de la feminidad obliga a no destacar y a estar siempre en una situación de dependencia respecto de su marido: da igual lo inteligentes, bellas o sofisticadas que sean, el ama de casa perfecta es modesta, recatada y humilde, carece de carrera profesional o de inquietudes intelectuales y se comporta de forma que no llame la atención por su aspecto, su actitud o sus opiniones. El gótico moderno dice a sus lectoras de los años sesenta y setenta que tienen que perseverar en este ideal, porque es el que les ofrece la mayor recompensa a la que pueden aspirar: el matrimonio, además con un hombre que les permite ascender socialmente y comprar todos esos objetos con los que las bombardean los anuncios y las revistas.

No obstante, las propias características del gótico moderno no son las únicas razones que explican su popularidad entre las lectoras. Aunque todo lo que hemos dicho podría ser válido para las décadas de los sesenta y los setenta, difícilmente puede mantenerse hoy en día, y sin embargo el esquema narrativo y los arquetipos de este subgénero se siguen reproduciendo en novelas y series enormemente exitosas. Gracias en parte al trabajo de Friedan, la mística de la feminidad ha perdido la hegemonía social que tenía en la época en la que Russ escribe, y aunque sigue siendo un ideal para algunos sectores de la sociedad, la mayoría de las lectoras ya no aspiran a encarnarlo. Las expectativas respecto del matrimonio de las mujeres heterosexuales son más igualitarias que las de hace unas décadas y las aspiraciones de desarrollo profesional e intelectual están mucho más extendidas. Sin embargo, esto no impide que muchas mujeres sigan encontrando algo reconfortante en este tipo de ficciones, quizá por el hecho de que son las mujeres las que continúan ocupándose en mayor medida del trabajo doméstico y de cuidados. Las protagonistas de series como *Big Little Lies* o de novelas como *La mujer de arriba* aparecen haciendo tareas domésticas, pero, como comentábamos antes, solo se muestra la parte más agradable y estética de las mismas. Estas ficciones les siguen diciendo a las mujeres que, quizá, ocuparse del trabajo del hogar no tiene por qué ser tan malo, y que incluso puede ser fuente de placer y de reconocimiento social en su entorno.

Otra razón está sin duda en la cuestión de la clase. En su influyente ensayo *Watching Dallas* (Methuen & Co., 1985), la crítica cultural Ien Ang encontró una de las causas de la popularidad de la serie que da nombre al libro en la fantasía de riqueza que proporcionaba para los espectadores de las clases populares. En una sociedad capitalista donde la riqueza es la aspiración individual por excelencia, se observaba con fascinación la forma de vida que llevaba la familia protagonista en un rancho presidido por una lujosa mansión. Tanto en las novelas del gótico moderno como el *thriller* doméstico actual, la acción siempre se desarrolla en una casa enorme, ya sea la mansión aislada o la vivienda del barrio residencial. En estas ficciones nunca aparecen problemas laborales ni económicos y si lo hacen es solo como una idea, no algo con consecuencias reales. Es decir, aunque este tipo de problemas salgan en alguna conversación de los personajes, nunca se traducen en jerséis llenos de pelotas, platos desportillados o paredes desconchadas. En este sentido, es un tipo de ficción a un mismo tiempo aspiracional y evasiva: queremos parecernos a la ricas y bellas protagonistas de *Big Little Lies* o *Holland, Michigan*, y a la vez sus ropas caras, sus manicuras recién hechas y sus hermosas casas nos permiten evadirnos de las manchas de nuestros sofás o el gotelé de nuestras paredes.

Además, las protagonistas de estas ficciones no solo encarnan el ideal aspiracional vigente en la actualidad en cuanto a su clase social: aparte de ricas, son blancas, heterosexuales, delgadas y guapas. De hecho, cuando hay un personaje negro, como en *Big Little Lies*, su raza no desempeña ningún papel importante. Ha sido colocado ahí con el objetivo de ampliar la audiencia a las mujeres negras de clase media, pero su papel ha sido escrito de tal forma que podría ser interpretado perfectamente por una persona blanca. Es fácil que una buena parte del público se sienta fascinado con estas mujeres que encarnan el ideal femenino al que se les dice que deberían aspirar y que al verlas puedan olvidarse durante un rato de su pelo mal teñido y su ropa deformada por el uso. Esto es especialmente claro si tenemos en cuenta que las series nunca reflejan el tiempo y esfuerzo que supone tener un aspecto como el de sus protagonistas: puede que haya una escena en un salón de manicura, pero no hay un recuento realista de la cantidad de horas de depilación, gimnasio, maquillaje, peluquería y tratamientos estéticos que implica. Como ocurría con el trabajo doméstico, la parte más tediosa y desagradable de estas labores nunca se ve.

Por otro lado, si bien es cierto que la mística de la feminidad ya no es un ideal hegemónico, el amor romántico sigue estando plenamente vigente. Seguimos esperando de nuestra pareja que nos complete en todos los ámbitos de la vida y del amor que acabe con la insatisfacción y el vacío que sentimos, y el matrimonio sigue siendo una meta vital para muchas personas. Si bien es cierto que en los *thrillers* domésticos actuales los matrimonios heterosexuales son más igualitarios que antes y los personajes femeninos tienen más agencia, y no se limitan únicamente a esperar pasivamente a que sucedan las cosas, en la mayor parte de los casos estas ficciones siguen reproduciendo el ideal del amor romántico de forma acrítica, por lo que las espectadoras también pueden encontrar en esto una fuente de reconocimiento tanto de sus aspiraciones como de sus ansiedades.

Por otro lado, si nos centramos en el aspecto más puramente criminal de este tipo de ficciones, es decir, en la pregunta de por qué podría atraer a una mujer una novela o una serie en la que la trama gira en torno al asesinato de otra mujer, podría ser útil echar mano de algunas de las reflexiones que han surgido como consecuencia del auge del *true crime*, cuyo público es mayoritariamente femenino. Tanto en crítica cultural especializada como en publicaciones en redes sociales, se han enumerado una serie de razones que pueden aplicarse de la misma forma al género del *thriller* doméstico. Una de ellas es el hecho de que confirma los miedos que sienten las mujeres ante la posibilidad de sufrir violencia. Como vimos en el gótico moderno, los *true crimes* permiten a las mujeres reafirmarse en el hecho de desconfiar de sus vecinos o de tener cuidado cuando se cruzan con un hombre en un lugar apartado, porque otras mujeres ya han sido asesinadas en esas mismas circunstancias. El *true crime* les dice a las mujeres que la sensación de paranoia y ansiedad que experimentan al transitar el espacio público o al relacionarse con hombres desconocidos es lógica: no estás loca ni eres una exagerada, a otras mujeres ya les ha ocurrido.

Otra de ellas es que las mujeres aprenden de los *true crimes* a no exponerse a situaciones que pueden suponer un riesgo y a detectar comportamientos peligrosos en los hombres. Si una mujer no había reparado en que abrir la puerta a un repartidor de comida puede ser una situación peligrosa, seguramente empieza a verla así después de que un *true crime* la alerte de ello mostrándole el caso de una mujer que fue asaltada en una situación como esa. Por supuesto, esto tiene como efecto un aumento de la sensación de ansiedad y paranoia, pero muchas espectadoras pueden considerar esto un precio a pagar a cambio de la seguridad que les proporciona el conocimiento de la violencia sufrida por otras mujeres. Este mismo argumento puede aplicarse al gótico moderno que analiza Russ y a los *thrillers* domésticos actuales: aunque se trata de ficciones, estas series, películas y novelas ayudan a sus lectoras y espectadoras a interpretar y entender determinados comportamientos masculinos con el objetivo de prevenirse de posibles situaciones de riesgo. En el gótico moderno quizá el mejor ejemplo de ello sea el personaje del varón sombrío, que oculta intenciones siniestras detrás de la amabilidad y la ternura con la que trata de conquistar a la protagonista. Por supuesto, el aprendizaje que puede extraerse del gótico moderno y de los *thrillers* domésticos actuales no está libre de ideología: en la mayoría de ejemplos de uno y otro caso, se refuerzan las ideas hegemónicas sobre los roles de género, sin que se critique ni discuta el orden social que las sostiene.

7
Ojalá fuese lesbiana

En octubre de 2019, el columnista del *New Inquiry* Asa Seresin acuñó el término *heteropesimismo* para referirse al sentimiento de vergüenza y rechazo que expresaban muchas mujeres heterosexuales cuando hablaban de su orientación sexual. Frases como «ojalá fuese lesbiana» o «la prueba de que la sexualidad no se elige es que sigue habiendo mujeres hetero» aparecían cada vez con más frecuencia en las publicaciones de redes sociales y las conversaciones entre amigas como muestra de una desafección de las mujeres heterosexuales por su propia orientación. Seresin señalaba que esta desafección era performativa, porque, aunque expresaba un sentimiento real, por lo general no implicaba un abandono real de la heterosexualidad. Aunque el término se extendió con mucha rapidez, el propio Seresin propuso más tarde cambiarlo a *heterofatalismo*, que ha tenido menos repercusión pero que es más adecuado para dar cuenta de la sensación de que las relaciones heterosexuales están condenadas a resultar insatisfactorias para las mujeres. Es decir, las mujeres heterosexuales que expresan este fatalismo no confían en que los hombres vayan a abandonar las actitudes reprobables a las que se creen con derecho, como no colaborar en las tareas domésticas o no servir de apoyo emocional para sus parejas, ni creen que las relaciones heterosexuales puedan ser plenamente satisfactorias para ellas, pero se resignan a seguir relacionándose sexual y románticamente con hombres porque entienden su orientación como algo sobre lo que no tienen agencia. Desear a los hombres se convierte en una especie de penitencia a la que están condenadas ante la imposibilidad de volverse lesbianas.

Aunque comprensible por la negativa de los hombres a abandonar sus privilegios patriarcales, el heteropesimismo o heterofatalismo es enormemente problemático por varios motivos, entre ellos el hecho de considerar la orientación sexual como una identidad fija sobre la que no tenemos ningún tipo de agencia. Es cierto que no es exactamente una elección, pero tampoco una identidad estanca que deba permanecer invariable durante toda la vida. Si la relación con un determinado género no satisface a estas mujeres y la entienden como una carga más que como una posibilidad de encuentro, pueden probar y experimentar con otras posibilidades para descubrir, quizá, el surgimiento de otro tipo de deseo. Por otro lado, este fatalismo también contribuye a mantener el ideal del amor romántico como centro de las relaciones sexuales y afectivas. Las mujeres que lo expresan querrían que sus relaciones con los hombres fuesen más satisfactorias de lo que son, pero se ven obligadas a conformarse con algo que no las llena. De esta forma, el heterofatalismo niega la posibilidad de construir relaciones profundas y satisfactorias con personas que no son nuestra pareja, aunque el deseo no forme parte de la ecuación. Es decir, estas mujeres se resignan a aguantar a los hombres cuando en realidad no tienen por qué hacerlo: en el ámbito del deseo pueden experimentar, y en el de las relaciones afectivas pueden establecer con sus amigas relaciones tan profundas y satisfactorias como la de la pareja.

A pesar de que el heterofatalismo procede de una toma de conciencia feminista sobre los privilegios de los hombres en el patriarcado y de que es comprensible desde un punto de vista individual, al extenderse por la sociedad se convierte en un elemento conservador, ya que sigue colocando en el centro el ideal del amor romántico y clausura la posibilidad del cambio y la experimentación tanto en lo erótico como en lo afectivo. A esto se une el hecho de que da por perdida la posibilidad de que los hombres cambien, lo que congela las relaciones patriarcales e impide el avance. Por supuesto, no es responsabilidad de las mujeres que los hombres dejen de ser machistas, pero parece difícil que pueda avanzarse en el cambio social si no se confía en la posibilidad de cambio de los que están situados en las posiciones de privilegio, como las personas blancas en una sociedad racista o los hombres en una sociedad patriarcal.

El heterofatalismo se une así a una tendencia más amplia de reforzamiento del ideal del amor romántico que hemos visto en los últimos años y que ha tenido expresiones como el apuntalamiento de la monogamia o el aumento de la reprobación social hacia la infidelidad. En esta tendencia ha jugado un papel importante la ficción, que en su mayor parte apenas ha cuestionado el ideal del amor romántico ni ha criticado el orden social que lo hace posible. De hecho, en muchos *thrillers* domésticos se advierte un poso de heterofatalismo: las protagonistas están desencantadas de su relación con los hombres, como en *Sharp Objects*, o consideran a sus maridos personas menos sofisticadas e interesantes que ellas mismas y el resto de mujeres que conocen, como en *Big Little Lies*, pero eso no implica un cuestionamiento. Si las novelas del gótico moderno que analiza Russ eran optimistas respecto al futuro que le esperaba a la protagonista una vez casada, en el *thriller* moderno el matrimonio sigue siendo el horizonte de deseos y expectativas, pero hay hueco para la resignación y el desencanto, aunque sea de forma momentánea.

8

La importancia de Joanna Russ

En 1980, Joanna Russ publicó una novela corta llamada *En huelga contra Dios* (Walden, 2022) que acabaría siendo su única obra de ficción realista. En ella, con un tono desquiciado e hilarante, la protagonista, llamada Esther, narraba el proceso de darse cuenta de que le habían dejado de gustar los hombres y que, en cambio, empezaba a sentirse atraída por una de sus mejores amigas. Aunque se ve obligada a justificarse ante sí misma y ante los demás en numerosas ocasiones, Esther no se tortura ni duda de lo que tiene que hacer, sino que se lanza a la exploración de su nueva orientación sexual coqueteando con su amiga y teniendo sexo con ella cuando esta le dice que también le gusta. En la novela no hay ni rastro de heterofatalismo: si te dejan de gustar los hombres, simplemente busca en otro sitio.

En esta ausencia de heterofatalismo influye sin duda el lesbianismo de Russ: en una sociedad donde la heterosexualidad es la norma y se presume que todo el mundo es hetero, las lesbianas han abandonado la orientación que parecían destinadas a tener para explorar otros tipos de deseo. Es decir, no se han resignado al destino que la sociedad les había impuesto ni han creído que este no se pudiese subvertir. Para Russ, la orientación sexual y la identidad de género no son realidades fijas ni compartimentos estancos: en su obra de ficción más conocida, *El hombre hembra* (publicada originalmente en 1975 y que en España ha tenido varias ediciones, la última de ellas en Nova en el año 2021), las diferentes ideas sobre el género de las cuatro protagonistas chocan entre sí cuando cruzan al universo paralelo en el que habita la otra. El mensaje de la novela, una de las más influyentes de la ciencia ficción feminista y una obra clave para la ciencia ficción en general, es claro en cuanto a su postura antiesencialista y antibiologicista: no hay una esencia de lo que significa ser mujer que venga determinada por la biología, sino que los roles de género son constructos sociales que varían en función del tipo de sociedad en que se desarrollan, y que, por tanto, pueden ser desafiados, subvertidos y modificados.

De hecho, la subversión de los roles de género será una constante en su obra desde sus inicios con la publicación en 1968 de su primera novela, *Pícnic en Paraíso* (Ultramar, 1990). En ella, Russ utilizaba recursos tanto de la ciencia ficción como de la novela de aventuras para presentarnos a una protagonista fuerte, enérgica y con carácter resolutivo que se ve obligada a escoltar a un grupo de turistas que se ha quedado atrapado por el estallido de una guerra para que puedan ser evacuados. Otras de sus obras de ciencia ficción, como *La muerte del caos* (1970) o *Almas* (1983), tendrán también la subversión de los roles de género entre sus características más importantes.

Además del fantástico, la otra gran parte de la producción de Russ está centrada en la crítica cultural, y en concreto en la forma en que se reproducen los roles de género tradicionales en el ámbito literario. Dentro de este apartado, su obra más influyente es *Cómo acabar con la escritura de las mujeres*, publicada originalmente en 1983 y que no fue traducida al español hasta el año 2018 (en coedición de las editoriales Dos Bigotes y Barrett). Con un tono mordaz e irónico, el ensayo analiza las diferentes estrategias que la sociedad ha utilizado para ignorar, menospreciar o directamente evitar que las mujeres escriban, que van desde considerar no adecuados para la «alta literatura» temas relacionados con las vivencias de las mujeres, como la maternidad o la amistad femenina, hasta dar por hecho que las obras firmadas por mujeres pertenecen en realidad a sus maridos o han sido editadas y corregidas por estos.

A este grupo pertenece también el texto de este volumen, *Alguien me quiere asesinar... y creo que es mi marido*, publicado originalmente en forma de artículo en 1973 y que hasta ahora había permanecido inédito en español, igual que la mayor parte de su obra de no ficción. Como hemos visto, Russ se centra en analizar una tendencia de la literatura comercial muy popular entre las mujeres del momento, que disecciona de forma meticulosa. En este análisis de subgéneros que no eran considerados literatura propiamente dicha también Joanna Russ había sido pionera: en los años sesenta, había sido la primera en tomarse en serio el *slash*, un subgénero del *fan fiction* caracterizado por su temática homosexual. A diferencia de la mayor parte de críticos culturales, para los que el *fan fiction*, es decir, las obras que crean los fans a partir de una determinada novela, saga, serie o película, no solo no merecen ningún tipo de consideración, sino que es probable que ni siquiera sepan que existe, ya en los años sesenta Russ creyó que el análisis de sus implicaciones sociales y literarias no podía despreciarse tan rápido. Como demuestra la obra que se contiene en este volumen, Russ creía que era justamente en la literatura considerada menor o en las obras de vocación más comercial donde podía medirse mejor la pervivencia de los roles de género tradicionales y, como hemos visto tanto en el gótico moderno de los setenta como en evolución hasta el domestic *thriller* actual, no se equivocaba.

Alguien me quiere asesinar…
y creo que es mi marido

¿Qué literatura de ficción leen las mujeres estadounidenses? Dios [Ella] lo sabe. Cuando se le insiste, masculla algo sobre revistas femeninas, magazines de moda, éxitos de ventas y similar. Pero, si se le ruega fervientemente, añadiendo que nos interesa la ficción que leen exclusivamente mujeres, termina por ceder y remite a tres géneros: revistas de testimonios reales, novelas de enfermeras… y el gótico moderno.

Allá donde se vendan libros de bolsillo, verá cubiertas que parezcan haber evolucionado a partir del mismo clon: en todas predominan los colores azul o verde; siempre hay una joven aterrada en primer plano y el fondo es para una mansión, un castillo o un caserón con luz en una ventana; suele haber tormenta o luna o las dos cosas, y lo que sea que ocurra lo hace de noche.

Esos son los libros del gótico moderno. Si se mira lo que hay debajo de esas cubiertas, pronto se descubre que las historias no guardan ningún parecido con la definición literaria de «gótico». Nada tienen que ver con *El monje* de Lewis ni con las obras de Radcliffe, cuyos auténticos descendientes son los que denominamos «relatos de terror». En cambio, el gótico moderno parece una mezcla entre *Jane Eyre* y *Rebeca*, de Daphne du Maurier. De hecho, la mayoría de ellos se adscriben en «la tradición de Du Maurier», en «la tradición gótica de *Rebeca*» y demás para darse publicidad. Según Terry Carr, antiguo editor de Ace Books, su historia en Estados Unidos

[…] comenzó en los primeros años sesenta del siglo XX […]. Pero desde los años cincuenta ya se escribía este tipo de obras, especialmente en Inglaterra, donde se denominaban *romances*; en ese país nunca cobraron especial relevancia y quedaron relegadas a un nicho de mercado pequeño, aunque estable. Todo empezó con Ace, […] que compró algunas novelas de Victoria Holt y Phyllis A. Whitney. Se vendieron de maravilla […], así que [Ace] continuó en esa línea y expandió el catálogo de góticos, especialmente con la compra de los derechos de las primeras novelas de Dorothy Eden y Anne Maybury [...], que en este momento son autoras con grandes ventas.[1]

A diferencia de las novelas de enfermeras y de las revistas de testimonios reales, el gótico moderno lo leen mujeres de clase media o que aspiran a serlo y, por el motivo que sea, el más popular siempre es obra de mujeres británicas (al menos, en la editorial Ace). En 1970, le pregunté a Terry Carr cuáles eran sus libros más vendidos y de mayor tirada. Según me dijo, son «representativos de lo más elevado del género» y todos parecen reimpresiones de obras anteriores (una incluso de fecha tan temprana como 1953).[2]

Además, en palabras de Carr:

[1] Extracto de su correspondencia, 18 de noviembre de 1970.

[2] Este género me conquistó cuando topé por pura casualidad con *Columbella*, de Phyllis Whitney, publicado por la editorial de Fawcett en 1966. Los libros mencionados por Ace en su respuesta son *Nightingale at Noon*, de Margaret Summerton, 1962; *The Least of All Evils*, de Helen Arvonen, 1970; *The Dark Shore*, de Susan Howatch, 1965; *I Am Gabriella!*, de Anne Maybury, 1962, y *The Brooding Lake*, de Dorothy Eden, 1953 (Macdonald & Co., Ltd.).

Las que más gustan [...] tratan de mujeres que se casan con hombres y, a partir de ese momento, empiezan a descubrir que su esposo es un auténtico extraño [...], lo que crea una atracción-repulsión, amor y miedo simultáneos. En la mayoría de los góticos «puros» suele haber un pretendiente o esposo apuesto e irresistible, que puede ser (o no) un loco o un asesino. [...] A las mujeres estadounidenses les faltaba descubrir que temían a su esposo.[3]

He aquí los ingredientes:

A una *casa* grande, aislada y, por lo general, siniestra (y que siempre tiene nombre), llega una *heroína* joven, huérfana, sin amor y solitaria. Es tímida e inexperta. También es atractiva, a veces incluso guapa, pero no lo sabe. En ocasiones ha pasado diez años cuidando de su madre enferma de muerte; otras veces tiene (o ha tenido) una madrastra malvada, una tía desalmada o una madre exigente y egoísta (normalmente fallecida cuando comienza la historia) o un padre inepto, ausente o (habitualmente) muerto hace mucho tiempo, a quien ella ama. La casa se encuentra en una tierra

[3] Extracto de su correspondencia, 18 de noviembre de 1970.

exótica, excitante o aislada. La heroína, cuya respuesta emocional ante personas y lugares tiende a los extremos, ama la casa o la detesta (por lo general, ambas cosas).

Tras un breve preámbulo, esta Jane Eyre de nuestro tiempo entabla un vínculo personal o profesional con un hombre maduro, un *supervarón* siniestro, magnético, poderosamente perturbador y burlón, que la trata con malos modos, la denigra, la reprende y muestra ira o desprecio por ella del modo que sea. La heroína se siente intensamente atraída por él y, habitualmente, repelida o asustada con la misma intensidad; no tiene claro lo que siente por él ni lo que él siente por ella, como tampoco sabe si él 1) la ama, 2) la odia, 3) la utiliza o 4) quiere asesinarla.

El supervarón no es la única preocupación de la heroína. En la «familia» que ocupa nuestra casa, y que está enredada en una maraña de emociones y oscuros misterios, se intuye la presencia de otra mujer que es, al mismo tiempo, el doble de la heroína y su contrario. Muy a menudo, la otra es la esposa actual o la primera esposa fallecida del supervarón; a veces puede ser la prima desaparecida de la heroína o la mujer que el supervarón parece preferir a la heroína. La otra es (o fue) una mujer hermosa y de mundo, sofisticada, indecorosa, coqueta, irreflexiva y desinhibida sexualmente. Incluso pudo haber sido (sobre todo, si está muerta) adúltera, promiscua, despiadada, inmoral, una delincuente y hasta loca. Si la otra está viva, la heroína sabe, con desazón, que el supervarón no puede preferirla a esa fascinante criatura; si la otra está muerta, la heroína cree que no puede estar a la altura de los recuerdos del supervarón. Su único consuelo es ser amable, femenina y buena, tanto con el supervarón como (a veces) con una jovencita, a menudo la hija del supervarón y de su primera esposa. La jovencita (de haberla) suele estar siendo corrompida o descuidada por la otra (si está viva); en un caso hay un *jovencito* (hijo del supervarón), que está siendo desatendido por su padre. Una heroína tiene una hermana pequeña y otra, una prima desaparecida (que, en este caso, se combina con la otra mujer). El cometido de la heroína, en todos los casos, es ganarse la confianza de esa persona joven y convencerla de su propia valía personal. Si se trata de una muchacha, esto se consigue comprándole ropa.

Junto a todos sus demás problemas, la heroína va advirtiendo poco a poco que, en algún punto de la maraña de opresivas relaciones familiares que se

82

dan en la casa, existe un *fatídico secreto oculto*, siempre relacionado con la otra y con el supervarón (sea cual fuere la relación que guarden entre sí en la novela). El supervarón ocupa el centro del secreto y, cuando la heroína desentrañe el misterio que lo rodea (¿la ama o es una amenaza para ella?), llegará también al fondo del secreto. Entonces, la trama se complica:

su felicidad con el supervarón corre peligro;
su vida corre peligro (en ocasiones, varias veces);
mueren asesinados personajes secundarios;
hay tormentas;
hay mucho *diálogo agorero* espontáneo, y así sucesivamente.

En un momento dado —ya sea por la labor detectivesca de otras personas o por pura casualidad—, el secreto *sale a la luz*. Resulta ser una actividad inmoral, y habitualmente delictiva, por parte de alguien y centrada en el dinero o en el comportamiento terriblemente incorrecto (normalmente, en lo sexual) de la otra. Las seis novelas góticas que se analizan en este ensayo se valen de los siguientes secretos: contrabando de joyas, robo y asesinato (*Columbella*); asesinato, suplantación de identidad, adicción a las drogas y chantaje (*I Am Gabriella!* [¡Soy Gabriella!]); asesinato en masa con enajenación mental (*The Least of All Evils* [El menor de todos los males]); asesinato en masa con enajenación mental y fetichismo de ropa (*The Brooding Lake* [El lago sombrío]); robo de diamantes y asesinato (*Nightingale at Noon* [Ruiseñor al mediodía]), y asesinato e hijos ilegítimos (*The Dark Shore* [La orilla oscura]).

Al mismo tiempo que el secreto sale a la luz, las emociones de la heroína se *desenredan*: logra «aislar» al supervarón (que en todos los casos está libre de culpa, aunque pueda parecer lo contrario) de todo el mundo, en especial, de un personaje que yo denomino el *varón sombrío*: un hombre siempre representado como amable, protector, responsable, tranquilo, divertido, tierno y sereno. El varón sombrío, o bien quiere casarse con la heroína, o bien (en un caso) está casado con ella. Este personaje resulta ser un asesino y (en dos ocasiones) un asesino en serie enajenado, que ha matado a varias esposas anteriores. Hay variaciones: a veces, dos papeles pueden reunirse en un solo personaje, aunque, por norma general, los elementos permanecen invariables con una constancia asombrosa. En una novela, la otra es una prima desaparecida, y en otra, una vieja amiga del colegio; su malignidad puede ir desde el delito hasta el simple coqueteo alocado (que, sin embargo, en la novela se toma muy en serio). A veces, la otra es un personaje secundario (*Nightingale*), pero, en todos los casos, la otra es una mujer más sofisticada, hermosa y desinhibida sexualmente que la heroína. La otra es «inmoral». La heroína es «buena». Por su parte, la competencia del supervarón se extiende desde la práctica de judo (*I Am Gabriella!*), pasando por un sarcasmo cínico que siempre deja a la heroína en mal lugar (*The Brooding Lake*), hasta cualidades menos tangibles, como ser canadiense y millonario (*The Dark Shore*). Aunque los escenarios van desde la exótica Nueva Zelanda hasta el desconocido norte de Ontario (en este caso, la novelista es inglesa), la *casa*, la *heroína*, el *supervarón*, la *otra*, el *diálogo agorero*, el *secreto* y el *desenredo* son los pilares de todos estos libros.

Ciertamente, merece la pena estudiar el gótico como género escrito para mujeres y por mujeres; incluso quienes seleccionan los manuscritos para las ediciones de bolsillo son mujeres, aunque sus jefes sean hombres. En cierto modo, estos relatos recuerdan los casos de las revistas de testimonios reales. En un número reciente de *Journal of Popular*

Culture,[4] David Sonenschein analizó setenta y tres de estos relatos y concluyó lo siguiente:

> Por lo general, el «otro» personaje protagonista era un hombre […] mayor […], o bien el esposo de la narradora, o bien un soltero que nunca ha contraído matrimonio (pág. 404).
>
> […] la sensación de malestar que subyace en todos los relatos (pág. 405).
>
> […] también nos hacemos una idea de algunos de los riesgos que puede entrañar el mero hecho de ser mujer (pág. 402).
>
> Las relaciones son volubles, hostiles e incluso peligrosas; a diferencia de lo que ocurre en las obras eróticas dirigidas a hombres, aquí *es el trauma, en lugar del sexo, lo que aguarda «a la vuelta de la esquina»* (pág. 405, la cursiva es mía).

Con sus sempiternas casas (en las que, habitualmente, la heroína tiene depositadas muchas emociones), sus familias o cuasifamilias, sus triángulos de jovencita-hombre mayor-primera esposa del

---

[4] *Journal of Popular Culture*, otoño de 1970, IV, 2, «Love and sex in the romance magazines», David Sonenschein, Departamento de Antropología, Universidad de Texas, Austin (Texas).

hombre mayor, resulta tentador considerar el gótico moderno como ficción familiar. Sin embargo, sus obras no son historias de amor en sí ni suelen ocuparse (salvo de forma marginal) de cuestiones eróticas; casi siempre, sus tramas culminan en intentos de asesinato, con la heroína perseguida al borde de un acantilado por alguien que quiere asesinarla (*Shore*), encerrada en una habitación por un loco que antes ha estado a punto de ahogarla (*Lake*), empujada por un barranco y luego emparedada para que se asfixie (*Evils*) o agredida sexualmente después de habérselas visto con un robo de diamantes, estar convencida de que toda su familia quiere matarlas a ella y a su hermana pequeña, averiguar que su amadísimo padre ciego es un delincuente que lleva años fingiendo que está ciego y creer que el hombre a quien ama es un asesino (*Nightingale*). Como dice la heroína de este último libro, sin que le falten motivos, todo es «una vertiginosa vorágine de confusión» (pág. 136). Otras heroínas terminan atrapadas en cuevas, casi asesinadas, estampadas contra un muro por una «figura alta y encapuchada» (*Columbella*, pág. 204) y a punto de morir bajo las ruedas de un coche.

La emoción más habitual en estas novelas es el miedo, pero no son relatos de terror: en la trama

siempre hay un asesinato (pero no son relatos de-
tectivescos) y, aunque la heroína recibe amor por
recompensa (sin haberlo provocado, merecido,
sacado a la luz ni siquiera pedido), no se siguen
los pasos del vínculo cada vez más fuerte que une
a los amantes. El gótico moderno es episódico; lo
único que hace la heroína es pasarlo mal y, si hay
que investigar algo, se ocupan otros personajes (a
menudo, el supervarón). Siempre que la heroína
actúa (por ejemplo, en *Lake*), la cosa acaba en un
auténtico desastre. Hay una etapa de terror, reite-
rados incidentes siniestros, un diálogo agorero con
diferentes personajes y, a continuación, la revelación súbita de quién es en realidad cada cual y qué
cada cosa. Incluso desde los parámetros convencionales de la técnica *pulp*, estas novelas no tienen
forma. Aun así, obedecen a unas reglas extraordinariamente estrictas. Debe de haber una razón para
tales reglas.

Mi propuesta es que el gótico moderno es una
expresión directa de la situación tradicional de la
mujer (al menos, la situación de la mujer de clase
media) y que ofrece la clase exacta de lectura de
evasión que necesitan las mujeres de clase media

creyentes en la mística de la feminidad, sin conllevar elementos que vayan más allá de esa mística o que se consideren inmorales en sus términos.

Por ejemplo, las heroínas están de vacaciones o de luna de miel, o son demasiado jóvenes para ocuparse de las tareas domésticas. Si han dedicado diez años de su vida a cuidar de una madre impedida, el libro comienza justo después de la muerte de la madre; si se han casado (y se casan con un hombre rico), el libro comienza con la luna de miel; si son pobres, son demasiado jóvenes para cocinar y limpiar y, de todos modos, la pobreza solo es una circunstancia pasajera. Siempre están en lugares exóticos (las Islas Vírgenes, una zona francesa de viñedos, Nueva Zelanda, la Camarga…). Son, en esencia, mujeres ociosas. *No obstante*, siempre que surge la ocasión (que siempre se da en el marco de las relaciones personales y nunca en el de las tareas propias de una esposa-ama de casa), tienen buen ojo para la comida, la ropa, la decoración y las aficiones de clase media (como coleccionar conchas marinas, porcelana o hacer punto).

Las novelas incluyen descripciones impersonales hasta lo indecible de comida, habitaciones y vestidos, como «crujientes pastelitos típicos de aquel lugar, rellenos de coco» (*Columbella*, pág. 84), «el toque frío y ácido de la lima» (*idem*, pág. 57) o «un café perfectamente preparado» (*idem*, pág. 37). En *Evils*, la heroína es agasajada con «delicados moluscos rebosantes de una deliciosa masa picante», y luego con «pasteles de trigo con ambarino jarabe de arce, tocino crujiente y gordas salchichas, melón frío con pedacitos de frambuesas carnosas empapadas en almíbar y licor» (págs. 30 y 56). En *Nightingale*, la familia de la heroína es pobre y no puede comprar buena comida (para la hora del té, sirven «un plato con cuatro rebanadas de pan con mantequilla y una simple galleta», pág. 24). Sin embargo, cuando la familia puede permitirse un filete, fresas y *whiskey*, no se encarga de cocinar la heroína. Incluso *Lake*, un libro en el que la heroína apenas come desde su aparición hasta el intento de asesinato, incluye el siguiente diagnóstico, típico de una esposa-ama de casa: «un cuenco de gachas grumosas, tostadas que ya habían absorbido toda la mantequilla y estaban frías, y una taza de té aguado. Dundas dijo que su hija sabía ocuparse de las tareas domésticas… ¿De verdad tenía que comer así todos los días?» (págs. 98-99). Si las citas anteriores suenan a artículos de revista femenina, es porque lo son; los protagonistas de *Gabriella* están de vacaciones y solo se alimentan con la comida del hotel, lo que da pie a la autora a crear lo siguiente:

> […] *fricassée de poulet* con *pommes soufflées* y manzanas caramelizadas (pág. 23), […] huevos escalfados en gelatina con mayonesa de hongos, *canard à l'orange* […] con unas gotas de licor de *curaçao* de naranja rociadas sobre las finas lonchas de carne de pato (pág. 61).
>
> Trucha y, para continuar […], uva tinta en una especie de *crêpe suzette* (pág. 137).
>
> […] una barra larga y crujiente de pan francés, algo de queso, media libra de fresas silvestres, un poco de nata y una botella de vino (pág. 160).

La singularidad de una muestra de pericia técnica así en medio del terror, el romanticismo y el asesinato no es como escuchar al gran detective tocar el violín: solo es una nota desafinada. Véase, por ejemplo:

> Fui a preparar una *omelette fines herbes* y al final hice un suflé. Aun así, no dejé de sentir la sombra de la amenaza que se acercaba lentamente y del papel que jugábamos en ella sin ser conscientes (*Gabriella*, pág. 107).

Más implacable todavía es la mirada que arrojan las autoras sobre la ropa femenina. En *Columbella*, por ejemplo, no se pierde detalle de lo que llevan puesto todas las mujeres que aparecen en sus páginas, de pies a cabeza:

[…] una adolescente de piernas largas y porte elegante, vestida con bermudas de color azul y blusa marinera blanca con un lazo azul a juego con los pantalones (pág. 37).

Vestía un pantalón capri de un suave color verde, que se le ceñía a las contorneadas caderas y al vientre plano que da la juventud, y se le ajustaba a los muslos limpiamente, sin apenas arrugas. Un polo de piqué blanco sin mangas con un lazo anudado en el escote (pág. 40).

Me vestí de forma adecuada para la ciudad, con una falda vaquera azul con amplios bolsillos laterales que me parecían cómodos y una camisa de algodón también azul (pág. 130).

El vestido de lino tenía un sutil corte princesa que realzaba las curvas de su esbelta y joven figura. El escote era redondo, se entallaba suavemente en la cintura y tenía *godets* para darle vuelo a la falda (pág. 134).

Aunque *Dark* es dado a crear desorientación ofreciendo diferentes puntos de vista, no deja de prestar atención ni de describir de forma minuciosa detalles cotidianos como la ropa, el momento de tomar un baño o el aspecto de otras mujeres:

Llevaba un vestido de lino liso, ceñido y sencillo, sin mangas (pág. 117).

No se atrevió a parar para retocarse el carmín. Solo tuvo tiempo de arreglarse un poco el peinado [...] (pág. 73).

La cena será dentro de media hora y el agua está caliente por si quieres tomar un baño (pág. 71).

Usaba un suave carmín con el que sus labios parecían más finos, las pestañas de sus hermosos ojos eran demasiado largas y demasiado oscuras para ser totalmente naturales y llevaba el cabello rubio recogido en ondas suaves y tupidas (pág. 42).

[...] aún tenía más prisa por darse un baño, cambiarse de ropa y empezar a cocinar la cena. [...] acababa de cambiarse cuando [...] (pág. 16).

En *Lake*, la ropa tiene un papel crucial en la trama, puesto que hay prendas que sirven de pista (un par de zapatos, un camisón rojo o un viejo vestido de novia). De este modo, no se puede decir que sea un elemento accesorio en la narración. Además, en esta novela, como ocurre en *Columbella*, se utiliza para mostrar la bondad de la heroína cuando ayuda a una jovencita que se siente insegura de su aspecto a vestirse para una fiesta; incluso en una velada memorable por la presencia de voces fantasmales y una tormenta tropical, se hace mención del «camisón de satén azul claro […] tendido sobre la cama para ella». La joven de la casa entra entonces con «una bata de terciopelo turquesa y la melena cepillada cayéndole sobre los hombros» (págs. 80-81). Algo más adelante, otra muchacha elige un abrigo verde, pero debe conformarse con «suspirar de anhelo porque era el que más le gustaba, pero costaba demasiado caro» (págs. 146-147).

A pesar de la pobreza de la familia de *Nightingale*, nos encontramos con los pantalones rojo escarlata y una camisa veraniega blanca como la nieve de un personaje (pág. 45), y con un vestido que le prestan a la heroína para ir a una fiesta y que es «unos centímetros demasiado de corto y unos centímetros demasiado ancho, aunque el color, un azul aguamarina apagado, y el corte eran tan bonitos que podría ahorrarse algunos reparos» (pág. 80). También se encarga de elegir la ropa para que la jovencita (aquí su hermanastra) acuda a la misma fiesta (pág. 81). Además, puede dedicarse a pensar en que se ha «puesto el vestido azul de Lucille, me he cepillado el pelo y me he hecho un recogido» (pág. 102). En cuanto aparece una desconocida bien vestida, la autora vuelve a la carga:

Lo primero que saltaba a la vista era su calzado, unas sandalias negras con tacón de aguja, […] las piernas esbeltas y una falda de color ostra,[5] ceñida a los tersos muslos. […] El cabello, de un negro profundo y violáceo, le caía sobre las mejillas y la frente (pág. 84).

En *Gabriella*, tenemos lo siguiente:

[5] Por lo general, este uso de la palabra *ostra* es propio del mundo de las revistas de moda, no una peculiaridad de la autora ni de la voz narradora. Todo el vocabulario es similar: «seda de color tomate», «marrón chocolate», «verde lima», un «aspecto fresco y despejado», etcétera. Las descripciones parecen párrafos salidos de una revista y no parte del relato. Habitualmente, un elemento como el «grabado de Chagall» (más abajo) no da pie a una digresión sobre los gustos de su propietario ni sobre cuestiones artísticas ni nada similar.

Un bolso de cocodrilo, guantes de color marrón chocolate (pág. 5).

[...] un traje caro de seda salvaje verde oscuro, con un broche de piedras carmesí en forma de águila en la solapa (pág. 18).

[...] un vestido de nailon crema plisado y zapatillas doradas (pág. 82).

[...] un estuche joyero con cierre de cremallera (pág. 112).

[...] una bata de seda blanca que había comprado en París (pág. 154).

[...] una blusa de seda estampada a mano con patrones de estrellas verdes y rosas de musgo, [...] guantes de color canela (pág. 118).

[...] un salto de cama de seda de color tomate (pág. 216).

Cuando las heroínas no se están fijando en la ropa de otras personas (o en la suya propia), cayendo por algún barranco o perdiendo a los hombres que aman, suelen pasar el tiempo de esta forma:

Deshice la maleta a toda prisa, me duché y me puse un vestido fresco de lino negro con toques de verde lima. Después, me calcé unas sandalias negras de tacón alto y unos pendientes en forma de estrella (*Gabriella*, pág. 14).

También pueden dedicarse a tomar nota de la decoración:

Era una estancia de sobria belleza y confortable, aunque con escaso mobiliario para conseguir ese aspecto fresco y despejado que tan necesario resulta en los trópicos. Los techos eran altos y daban sensación de amplitud y grandeza. Del centro de un elaborado rosetón de escayola colgaba una araña de cristal y decoraban los techos molduras de escayola. [...] Casi todos los muebles tenían ese diseño sencillo propio de los países escandinavos, con líneas fluidas y maderas lisas y de tonos claros, [...] cerca del pie de la escalera de caracol, en una esquina de la sala, colgaba un grabado de Chagall de amapolas rojas y hojas verdes en un jarrón alto (pág. 28, *Columbella*).

Atravesamos unas majestuosas puertas dobles y nos adentramos en una habitación bellamente amueblada. Los suaves azules y verdes de los brocados y la seda brillaban a la única luz de una lámpara de pie que había junto al tocador. En la delicada y antigua cama con dosel [...] (pág. 197, *Gabriella*).

Se me escapó un suspiro apenas vi las anchas tablas del suelo y el mobiliario antiguo, creado sin atender a principios de utilidad. Mis ojos se deslizaron por las paredes, desde la sencilla moldura del revestimiento de madera a metro y medio de altura, hasta los muros lisos enlucidos, que atravesaban unos ventanales con parteluz de piedra y se alzaban hasta un magnífico techo de vigas-martillo, decorado con los más intrincados detalles renacentistas en forma de volutas (pág. 14, *Evils*).[6]

[...] la gran chimenea de ladrillo con los restos extintos de un fuego, las banquetas y el amplio sofá cubierto de cojines brillantes, los cuadros colgados en lugares bien escogidos de las paredes para ocultar las manchas en el papel pintado, la gran alfombra blanca a los pies de la chimenea, el espejo con marco dorado que devolvía un reflejo sombrío de la habitación apenas iluminada. La ilusión del lujo [...] (pág. 9, *Lake*).

---

[6] Cabe dudar de la auténtica antigüedad de estas decoraciones, dado que la casa (Engleford Court) se encuentra en el norte de Ontario. De todos modos, la heroína no se hace ninguna pregunta. Lo que cuenta es lo pintoresco (no la autenticidad).

Estas novelas están escritas para mujeres que cocinan, decoran la casa y compran ropa para ellas y para sus criaturas; en resumen: para esposas-amas de casa. Sin embargo, las heroínas (que, como los lirios del campo, no trabajan ni hilan) conocen y desempeñan (a veces, de forma ciertamente extraña) la ocupación de sus lectoras. La ocupación de esposa-ama de casa se evita, enaltece y defiende a partes iguales.

El gótico moderno es sorprendentemente conservador en cuestiones de sexualidad, aunque la sexualidad que aparece en él es muy lasciva. La virginidad de las heroínas no tiene mácula (hasta que contraen matrimonio) e incluso pueden llamar «mercenaria» a una amiga para censurarla por aceptar un regalo caro de un hombre con quien no tiene intención de casarse (*Lake*, pág. 65). La heroína que se comporta así (en 1953) no va más allá del «intenso candor» (es de imaginar que erótico) del momento en que hunde su rostro en la chaqueta de *tweed* del supervarón, a pocas páginas del final del libro. A sus dieciocho años, la heroína de *Nightingale* tiene unas relaciones familiares tan enrevesadas que la lectora tarda noventa y cuatro páginas en desentrañarlas. A pesar de vivir en semejante confusión, no puede evitar sentir «una náusea repentina, que me atravesó de pronto, dejándome mareada y temblorosa» al escuchar que un desconocido menciona a la amante de su padre (también a pesar de que «la relación de Hugo y Dodie se descubrió años atrás», pág. 40). La malvada demenciada de *Columbella*, que resulta ser contrabandista y ladrona de joyas, es blanco de las críticas más acerbas. Por si fuera poco que robara una pulsera cuando todavía estudiaba,

> me temo que solo terminó sus estudios para poder sustraer bienes más preciados. Por ejemplo, los maridos de otras. Además, es escandalosamente extravagante (pág. 17).

Cuando la malvada de este libro llega a amenazar a la heroína con atropellarla con su coche (el de la malvada), es evidente que no solo ha traspasado los límites de los buenos modales o de la decencia, sino de la simple cordura. Sería interesante comparar los actos delictivos del gótico moderno con los de la literatura negra actual y sopesar lo atroces que son los crímenes en sí en uno y otro género. La heroína de *Shore* (1965) explica con estas palabras cómo conoció al supervarón:

> Al día siguiente llamó por teléfono y me pidió que lo acompañara a un concierto. Fui. No debería haberlo hecho, por Frank [su pretendiente], pero por aquel entonces, en fin… Frank y yo no estábamos comprometidos y yo… yo quería volver a ver a Jon (pág. 127).

Sin embargo, Jon no se impone a sí mismo un código moral tan estricto, como buen supervarón y hombre mayor que ya ha estado casado:

> […] se habría despreciado por acostarse con una mujer a pocos días de contraer matrimonio. Por supuesto, no habría significado nada para él, pero aun así se habría avergonzado y culpabilizado por haber hecho algo que a Sarah le haría daño si llegara a saberlo (pág. 41).

Es lo más lejos que parece llegar el gótico a la hora de referirse siquiera a la pureza del supervarón. En cambio, para la heroína que está casada, el sexo se convierte en una cuestión totalmente distinta. Se llena de pasión y, al mismo tiempo, de la virtud que le confiere el hecho redentor de llevar otro apellido: el resultado es una fusión ciertamente extraña de lascivia y arrobamiento; es decir, la confusión de valores descrita por Firestone (sexo = valía personal) se combina con el erotismo «religioso» que Greer observa en los relatos de amor romántico.[7] De esta forma, la erección del supervarón pasa a ser el criterio de aprobación propia de la heroína (aunque, al mismo tiempo, todo debe suceder en los confines de lo románticamente asexuado). Mientras todo guarde cierta indefinición, nos irá bien; por ejemplo, la noche de bodas de la heroína de *Shore* (dichosa, como corresponde a la convención) se presenta de esta forma:

[...] cuando por fin acercó la cara para besarla en los labios, ella sintió la paz que había en su corazón y, enseguida, todo su mundo se precipitó en remolino hacia las llamas (pág. 66).

---

[7] Shulamith Firestone, *The dialectic of sex*, Morrow, 1970, págs. 167-170 [trad. al castellano: *La dialéctica del sexo*, Manifest Llibres, 2023; Germaine Greer, *The female eunuch*, McGraw-Hill, 1970, págs. 167-185 [trad. al castellano: *La mujer eunuco*, Debolsillo, 2019].

Cuando se inclinó sobre ella un momento después,[8] sintió que hasta la última fibra de su cuerpo desprendía amor por ella y supo también que nunca sería de otra mujer (pág. 159).

Estamos a un solo paso del no-beso con el que termina *Lake*. Este pasaje de *Nightingale* también desprende cierto romanticismo, aunque quizá se ande con demasiados remilgos con lo que no resultan ser más que unos besos ardientes:

Me cogió el cuello con la mano que tenía libre y puso sus labios contra los míos, con voracidad y pasión. Yo no quería otra cosa. Era todo mío y lo tomé con avidez… Solo se separó de mí para preguntar con la voz ronca y entrecortada: «Melly, ¿sabes lo que estás haciendo?…». «Sí», respondí yo (pág. 115).

No está muy claro lo que está haciendo, pero sí que las casadas no deben someterse a esa represión. La heroína de *Evils* ahoga un grito «horrorizada» cuando cree que su prima pequeña puede haberse revolcado en el pajar con un chico (pág. 100);

---

[8] El supervarón *nunca* es bajo.

aun así, relata de esta forma sus propios escarceos amorosos:

> Y al ver a Mark de espaldas, al ver esos hombros anchos y fornidos, supe que el pasado no importaba… Que lo único real era el presente y el gozoso futuro que teníamos por delante… Dio media vuelta y nuestras miradas se encontraron. Vino hacia mí rápidamente, cogió mis manos entre las suyas para acercarme a él y fuimos un solo cuerpo mientras nuestros labios se encontraban… «Estás helada, querida —me susurró—. Sé cómo hacerte entrar en calor» (pág. 34).

> Me agarró por los hombros: «¿No sabes que ha muerto mucha gente en la bañera?», gritó. *Pero esa seriedad se desvaneció en cuanto deslizó las manos.* En la radio de bolsillo que tenía a mi lado, un trío cantaba al amor y la pasión mientras abrazaba a Mark con los brazos empapados de agua (pág. 49, la cursiva es mía).

Cuanta más sexualidad se introduce en estas escenas, más desentona la atmósfera romántica en la que se sigue insistiendo. Una muestra por excelencia:

Me puso la taza en la mano que aún tenía libre […] y me desató con un gesto solamente el otro tirante. Me senté riendo como una colegiala, con una taza de té en cada mano y el camisón caído por la cintura. […] Ya no me preocupaba el viaje imprevisto. Ya no. *Solo importaba el momento y ese momento se fue tornando cada vez más bello y cada vez más digno de recuerdo* (*Evils*, pág. 56, la cursiva es mía).

Por supuesto, el esposo de la heroína de *Evils* no es un supervarón, sino un varón sombrío: puede que le falle la técnica. La heroína de *Gabriella* está casada con un supervarón en toda regla: un judoca experto, delgado, moreno y salvaje, que la aborda de esa forma brusca tan masculina a lo largo del libro. Aunque a veces es tan romántico como el que más:

Luego se recostó estrechándome entre sus brazos, con su cuerpo contra el mío. «¡Karen! ¡Oh, Karen!». En lo alto, un pájaro rompió a cantar (pág. 161).

Nick me puso en pie y me acerqué a él. Sentí el fuerte latido de su corazón mientras me besaba; la fuerza que parecía correr de su cuerpo hacia el mío. Se me aceleró el corazón y eché a temblar cuando me abrazó con fuerza, [...] era la pasión inmediata de su amor por mí. [...] Solo estábamos Nick y yo atrapados en nuestro amoroso deseo (pág. 136).

Sin embargo, siempre existe la posibilidad de que el deseo no sea más que simple deseo:

Me acurruqué junto a Nick, fortalecida por el contacto con su cuerpo terso. Pasó un brazo bajo mi hombro y se giró hacia mí. Pero el problema que Maxine nos había expuesto seguía pesándome. «Mañana, deberíamos... —empecé a decir—. Vámonos mañana». Él me acercaba cada vez más hacia su cuerpo. «¡Esta noche es mucho tiempo, querida!». Levanté la cabeza y vi sus ojos en la penumbra. Estaban encendidos y vivos... Nick cruzó Francia por esto... ¡Por *mí*! (*Gabriella*, pág. 41).

Más vale que los pájaros empiecen a cantar como descosidos o incluso una heroína gótica moderna podría preguntarse si «esto» y «yo» siempre son intercambiables.

Lo más llamativo de estas novelas es la combinación de suspense, crimen y peligro con la absoluta pasividad de la heroína. Sin saber que ellas mismas son el epicentro de suspense, pasión y crimen, estas mujeres jóvenes (ninguna de ellas pasa de los treinta) se mueven entre todo tipo de fuerzas amenazantes de las que solo son conscientes de forma intuitiva, nunca racional. Sobre todo, *despiertan un interés extraordinario en todo el mundo*, aunque no tengan una gran formación, sean normales y corrientes, les falte carácter y, por lo general, estén trazadas de forma somera, siendo (como cabe sospechar) sustitutivas de la lectora. En ocasiones, las heroínas son muy guapas (aunque no lo saben), han heredado (tampoco lo saben) o tienen algún dato sobre el secreto (que no son capaces de interpretar). Su conexión con la acción de la novela siempre es pasiva: son el epicentro de una emoción colosal y, a veces también, de una lucha colosal, pero solo por existir. En su expresión más emprendedora, una heroína (como la de *Lake*, cuya relación con el supervarón es la más próxima a la igualdad de todas las que aparecen en estos libros) puede soltar aquí y allá informaciones que la ponen en peligro de que la ahoguen o la tiren por un glaciar. Alice (la heroína) trata de resolver la misteriosa desaparición de una amiga del colegio y consigue descubrir algunas pistas (que interpreta mal). Sin embargo, el auténtico detective es el supervarón. Aunque se enfrenta a una jovencita terriblemente desgraciada, a un supervarón byroniano y a una criminal, loca y avariciosa, la heroína de Columbella solo puede hacer gala de su bondad femenina e intenta ganarse la confianza de la jovencita elogiando sus dibujos y comprándole ropa. Como le dice el supervarón,

> quizá ahora haya dado con una nueva fuente de cordura… y de honestidad y decencia. Cosas que creía perdidas para siempre en los últimos años. Una fuente que no es ningún lugar, sino una persona… ¡Tú! (pág. 125).

También en esta novela, la heroína encuentra pistas sobre un asesinato (después de que los personajes importantes del libro ya lo hayan hecho). Enredada en unas relaciones familiares que dejarían a Edipo patidifuso, la heroína de *Nightingale* no hace absolutamente nada. La de *Evils* tiene amnesia (y no para de meter la pata mientras busca pistas que el supervarón ya conoce). En *Gabriella*, el detective es el esposo de la heroína, que siempre va detrás de él; de nuevo, ella hace varios intentos, que, o bien no sirven para nada, o bien los meten a los dos en problemas (que él resuelve).

Ante esta pasividad realmente extraordinaria (al fin y al cabo, si la protagonista de una novela no actúa, ¿de qué trata la novela?), puede ser tentador ver en estos libros auténtica ficción familiar, en la que la heroína es la *niña* que intenta con desesperación comprender lo que traman los adultos (una descripción que, por cierto, le va como anillo al dedo a *Nightingale*). En el mejor de los casos, las heroínas se limitan a representar (de forma pasiva) el amor, la bondad, la redención y la inocencia. Son especiales y valiosas porque son las heroínas. Y eso es todo.

He dicho que el gótico era episódico, pero eso no significa que carezca de tema central. El centro emocional es ese «pretendiente o esposo apuesto e irresistible, que puede ser (o no) un loco o un asesino»,[9] es decir: la ambivalencia de la heroína respecto al supervarón es lo que crea la acción dramática interna del libro. Por ejemplo, la de *Lake* no sabe si su antiguo amado es el asesino de su amiga (también pueden serlo otros dos hombres, uno de

[9] Véase Terry Carr.

los cuales, el varón sombrío, comienza siendo amable y de fiar y acaba teniendo ojos «de tigre» y una colección de ropa de las mujeres que ha asesinado). La heroína siempre está leyendo la expresión de los hombres; en *Lake*, cruza la mirada con el varón sombrío y entonces:

Creaba la ilusión de ternura porque tenía la boca de formas delicadas. En realidad, sin embargo, esos ojos eran dos ventanas abiertas al vacío, a la espera de que saliera a la luz su oscura personalidad (pág. 130).

Otra heroína reacciona así ante el supervarón (del que terminará enamorada):

No me gustó aquel hombre. Era como si emitiera vibraciones que sumían toda la habitación en una agitación casi imperceptible. Y, al ver cómo lo miraba Priss, temí por ella... Parecía voraz [...]. Capaz de tomar sin piedad ninguna lo que quería (*Evils*, pág. 4).

Del mismo modo, la heroína de *Dark* empieza desconfiando de su futuro esposo (las cosas van a peor):

[…] sentía esa inquietud que tan bien conocía […].
Amaba a Jon y tenía perfectamente claro que
quería casarse con él, pero a veces le parecía un
enigma y esa extrañeza la inquietaba. Llamaba a
ese estado de ánimo *distancia* (pág. 58).

Aunque el supervarón no suponga un peligro
físico, la sexualidad en sí misma entraña suficiente amenaza (o eso, sumado a la posibilidad de
no gustar o de ser juzgada con dureza). La heroína de *Columbella* se fija en el «gesto duro de
la boca» del héroe y en su sonrisa «esquiva», al
tiempo que le indignan los comentarios «fríos y
censores» que hace acerca de ella. Peor todavía es
su «inquietante presencia» y su «alarmante amabilidad». Como sentencia por fin:

Sabía por qué me incomodaba estar en presencia
de ese hombre. Parecía brotar una corriente entre nosotros dos cuando estábamos juntos, una
tensión extrañamente perturbadora compues-
ta por una mezcla de antagonismo y atracción,
puede que a partes iguales, de manera que no
podía saber qué fuerza era la mayor en realidad
(pág. 75).

Sí lo sabemos, por supuesto. Aun así, cuando el hombre a quien ama la heroína trata de inculpar a su padre de un asesinato, el conflicto se agrava: *Nightingale* está recorrido por los fortísimos vaivenes emocionales de la heroína, que pasa de creer que es amada por el supervarón a pensar que solo la utiliza para obtener información, y de estar convencida de la inocencia de su padre (otro supervarón) a descubrir que es un asesino:

No estaba segura. No podía estar segura de nada. No sabía si Charles Lewis era un hombre cuerdo, que durante cuatro años se había dejado arrastrar por una desenfrenada pasión por la venganza, o si era un demente obsesionado por una pesadilla fantasmal (pág. 49).

Por unos segundos fui presa de un torrente de esperanza que pareció transportarme hasta la superficie de las oscuras aguas en las que me estaba ahogando [...]. Noté que dibujaba una sonrisa y vi sus ojos mirándome, amusgados y con una atención feroz. Entonces, de súbito, su ofrecimiento me pareció tan calculado como traicionero. Me sentí como si acabara de lanzarme por un precipicio (pág. 152).

No es de extrañar que, tras diez capítulos de tales altibajos, la heroína comente: «Tenía la escalofriante sensación de haber perdido la capacidad de juzgar hasta la más sencilla de las emociones» (pág. 100). Cuando la persona más importante de tu vida es tu hombre y no puedes confiar en él (ni puedes confiar en nadie más), «leer» las caras y las emociones de los demás cobra una importancia crucial. Es lo que la mayoría de las mujeres reales se dedican a hacer casi todo el tiempo; por lo tanto, las novelas no solo las retratan haciéndolo, sino que ensalzan y justifican lo que en la vida real suele ser algo necesario, pero aburrido. En cierto modo, el gótico moderno es una suerte de paranoia justificada: la gente *tiene* la intención de hacerte cosas horribles; *no puedes* confiar en tu marido (léase también: amante o prometido); las motivaciones de todo el mundo *son* ladinas y retorcidas, y solo estando en guardia de forma *sumamente* rigurosa podrás arrancar alguna migaja de felicidad de las fauces de la destrucción.

Junto a huracanes, locura, intentos de asesinato, esqueletos escondidos en armarios, contrabando de diamantes, robo, adicción a drogas, suplantación de identidad y vudú, el gótico moderno recurre con frecuencia a lo que me gustaría llamar *emociones sutiles en exceso*, una «densidad» emocional tejida con la relación entre personajes y que, en su forma más compleja, es simplemente desconcertante; y en su forma más sencilla, trata de alcanzar lo sublime quedándose en lo ridículo. Por ejemplo:

La mirada que intercambiaron Ariadne y Jager fue larga y lenta, cautelosa, y tan aprensiva como exultante. De un modo que no alcancé a comprender y que mucho menos podría explicar, poseía cierta familiaridad, como si no fueran desconocidos, sino, en cierto modo, aliados… Sospechas sin definir ni resolver cruzaron mi mente, aunque sin desembocar en ninguna parte (*Nightingale*, pág. 88).

De súbito, lo vi todo claro y lo supe. Por fin encajó la pieza que faltaba y lo hizo de forma abrupta e inesperada. «Anoche, junto al castillo, Johnnie me amenazó […]. A lo lejos podía parecer que él y yo…». «¿Estabais en pleno idilio? ¿Y bien?». «Goliat nos vio. Es imposible que oyera lo que decíamos, pero ¿no lo comprendes? Si pensó que estaba teniendo una aventura con Johnnie y tú lo habías descubierto…». «Santo cielo. ¿Quieres decir que asesinaron a Johnnie porque podía saber la verdad sobre la suplantación de identidad de Maxine y que nos hicieron venir aquí para encontrar el cadáver y acabar implicados? Si Goliat le dijera a la policía lo que viste, podrían tomarte por el esposo llevado por los celos». «Así es —dijo muy despacio—. Entiendo lo que quieres decir» (*Gabriella*, pág. 142).

Por alguna razón, su charla aparentemente insustancial me incomodó tanto como ese caparazón. Era como si, con su conversación sobre el bien y el mal, su referencia a los defectos de la belleza…, aquel hombre hablara con símbolos que tenían un significado más hondo. ¿Podrían ser una advertencia dirigida a mí? ¿O me estaba dejando llevar otra vez por la imaginación?… De nuevo, tuve la incómoda sensación de que había un significado más profundo y supe que me observaba atentamente con sus ojos claros y fulgurantes (*Columbella*, pág. 49).

¿Dónde se había metido Ada? Si estaba en la planta de abajo, le preguntaría. Sin andarme con rodeos, le preguntaría por la señora Engleford. Le preguntaría por el esqueleto del jardín. Le preguntaría qué fue lo que le pasó *realmente* a la madre de Mark. Porque, de alguna manera, sabía que Ada tenía las respuestas; solo tenía que conseguir que las revelara (*Evils*, pág. 125).[10]

Era curioso cómo se le dilataban las pupilas cuando ella lo observaba. Como las de un gato asustado, igual que las de un tigre. ¿Por qué tuvo que pensar Katharine que los ojos de aquel hombre eran como los de un tigre cuando el resto de su faz era tan afable y cordial? (*Lake*, pág. 114).

Aunque estaba cerca de Rivers, no lo veía bien. El hombre no había hecho el más mínimo movimiento y la extraña penumbra era tal que Jon no veía la expresión de sus ojos. Percibió una aguda punzada de desasosiego, un violento giro de la memoria, que era tan vívido que dolía, y luego un inexplicable arrebato de compasión (*Dark*, pág. 35).[11]

En esta versión sacralizada de los cotilleos cotidianos, el don de la heroína no se reduce a hacerle saber que hay peligro: también sabe que *todo ha sucedido antes*. El elemento argumental más

[10] En este punto del relato, no hay ningún motivo para que la heroína piense así. De todos modos, al final resulta que tenía razón.

[11] Queda sin explicar durante casi cien páginas.

escalofriante de estos libros es la constante «duplicación» de la heroína: en cierto modo, «sustituye» a otra persona que, por lo general, ha muerto asesinada. Esa otra persona suele ser la otra mujer (que es malvada o lo fue), pero también puede ser (como sucede en *Columbella*) la hija de la otra, que está siendo destruida por su madre, del mismo modo que la confianza de la heroína está minada por *su propia* madre egoísta, vanidosa, atractiva e irreflexiva. En *Gabriella*, la prima de la heroína es la doble: desaparece y, a su vez, suplanta la identidad de una muchacha que ha sido asesinada. En *Evils*, la heroína ha tenido varias predecesoras, entre ellas, su amorosa tía, que ha sido mejor con ella que su propia (y mala) madre.[12] La heroína de *Nightingale* tiene una hermanastra más joven, que sufre con ella y por la que está muy preocupada, y una «madre»: la amante de su padre, una mujer irritable, envejecida, egoísta y vanidosa, a la que empieza odiando y aprende (poco a poco) a compadecer. En dos de los libros, *Dark* y *Lake*,

[12] No cesa de tener *déjà vus*: recuerdos *mediados* por las cartas de su tía y que parecen servir para advertirle y evitar que corra su misma suerte; de hecho, recuerda las cartas justo a tiempo para evitar que la asesine el mismo hombre (su esposo).

la «duplicación» es tan explícita que es tema de conversación entre los propios personajes. Sarah, la heroína de *Dark*, se ha casado con un hombre cuya primera esposa murió asesinada; Sarah no solo se compara constantemente con la Sophia muerta (incluso sus nombres son parecidos) sin estar nunca a su altura, sino que varios personajes comentan cuánto se parecen las dos. Finalmente, la duplicación llega tan lejos que Sarah recibe la siguiente advertencia:

Todo está ocurriendo otra vez, ¿no te das cuenta? Todo vuelve a suceder; estamos todos en Clougy… y a ti te han dado el papel de Sophia (pág. 132).

En *Lake*, para resolver el misterio de la desaparición de una amiga, la heroína empieza a «hacerse pasar» por su amiga, Camilla. Se viste como ella, lleva su «carga de problemas, de peligro o el halo de complicaciones que llevara encima» (pág. 46). Esto es lo que le escribe a la desaparecida Camilla (que en realidad ha sido asesinada):

¿Por qué se estaba volviendo todo tan peligroso? En serio, debes decírmelo porque parece que tu

carga (llena de problemas) ha pasado a mis espal-
das y tendré que lidiar con estos tres pretendien-
tes airados (pág. 48).

La duplicidad de Alice llega hasta el punto de
recibir una proposición de matrimonio del hombre que iba a casarse con Camilla. Y acepta:

Lo extraño era que no sabía si estaba siendo ella
misma o Camilla cuando respondió: «Qué amable de tu parte. ¿Cómo podría rechazarte?». Estaba casi segura de que nunca habría respondido a
una propuesta de matrimonio con esas palabras.
Era como si las hubiera pronunciado Camilla
(págs. 117-118).

El desdoblamiento aún va más allá. El prometido
(un varón sombrío) está a punto de ahogar a Alice
igual que ahogó a Camilla. Luego, el asunto se in-
tensifica hasta lo grotesco: Alice queda atrapada en
una habitación junto a dos muñecas de cera con vestido de novia que pertenecieron a las esposas previa-
mente asesinadas por el loco, mientras un personaje secundario, usando peluca y el abrigo de piel de
ardilla de Camilla, imita a la muerta desde la calle
para aterrorizar al loco y arrancarle una confesión.

Pero ¿qué significa esta duplicación? ¿Nos viene a decir que toda mujer teme al mismo hombre y padece el mismo destino? ¿Es un eco de la ficción familiar, en la que la heroína es la *hija*, el supervarón el *padre* y la otra / la primera esposa es la *madre*? ¿Son idénticas las dos?

Sin duda, cabe pensar que el supervarón sea una versión camuflada del (anhelado) padre de la heroína. Es mayor que ella, más inteligente, alto, fuerte, racional y rico, y su posición social es más elevada. Además, se presenta a la heroína como una suerte de niña: le importa al supervarón por el mero hecho de existir (como una niña) y nunca es independiente. No tiene oficio en ninguno de los libros, salvo en *Lake*, que incorpora una especie de trasfondo, no demasiado convincente, para ella, que habría formado parte de una compañía de teatro ambulante. Esta heroína en concreto presume de su «independencia», aunque se desmorona en cuanto se compromete con un loco y es rescatada por el supervarón, que comenta:

¡Pobrecita Alice!... ¡Corderita boba! Ya ves, tuvo que venir una oveja con piel de lobo a rescatarte (pág. 186).

Es evidente que el gótico no concibe la relación entre el supervarón y la heroína como algo fuera de lo normal ni desacostumbrado, sino como la relación habitual, incluso ideal, entre hombres y mujeres.

Cuando se presentan mujeres independientes o con profesión, se hace de este modo:

Lake: una jovencita (fea) que será médica y una maestra solterona, simpática pero estereotipada (un personaje secundario).

Gabriella: una mujer de mediana edad y propietaria de un *chateau* en unos viñedos franceses, que es adicta a las drogas y dependiente de su administrador. Se suicida.

Evils: una mujer de mediana edad, sorda, fea y deforme, que se entretiene haciendo complicadas labores de costura. Encuentra la felicidad junto a un hombre deforme, feo, sordo y de mediana edad como ella.

Dark: la hermosa y brillante hermanastra ilegítima del supervarón, que ama la música y toca el piano. Tiene un vínculo telepático con el supervarón, pero, para su desgracia, depende de él (de esta extraña forma telepática), mientras que él puede prescindir de ella sin ningún problema.

Se vuelve promiscua, luego frígida y al final se
retira a un convento tras asumir la culpa por la
muerte de la primera esposa del supervarón.

El gótico moderno no es ni historias de amor ni
relatos en los que la mujer es víctima, sino *relatos de
aventuras con protagonistas pasivas.*

A fin de cuentas, ¿qué puede hacer una heroína?:

1. Estar unida a un hombre.

2. Estar envuelta en un secreto familiar o criminal sin saberlo.

3. Ser amenazada por un asesino.

4. Ser rescatada.

5. Dudar de las verdaderas intenciones de su
hombre con ella.

6. Adivinar las intenciones o emociones de él y
de otras personas.

Y todo esto lo puede hacer dentro de los confines de la mística de la feminidad.[13]

Dado que el gótico moderno es una lectura de
evasión, guarda silencio sobre el trabajo cotidiano,

[13] La autora de ciencia ficción Carol Carr se refiere a la
impotencia de las heroínas góticas como «la versión femenina
de la conquista del medio». Conversación, diciembre de 1970.

tedioso y auténtico de las mujeres (procrear, criar y ocuparse de las tareas domésticas). Nada de esto tiene cabida en sus páginas; solo hay lugar para su preludio (atrapar a un hombre o tener relación con él) y aun esto se presenta sumamente enaltecido.

El problema de la protagonista femenina en la literatura sigue vigente. Si damos por sentado que todo lo que está fuera de los afectos domésticos y de conseguir marido es masculino, nos queda una protagonista que no puede hacer nada de esto:

1. Resolver un rompecabezas intelectual (*whodunnit* o ciencia ficción).

2. Labrarse una carrera (la historia de éxitos del chico listo de provincias).

3. Viajar y vivir aventuras (el aventurero tiene aventuras y la aventurera solo tiene aventuras sexuales).

4. Llevar a cabo una conspiración política.

5. Liderar un movimiento religioso.

6. Madurar y forjar su carácter (el *bildungsroman* solo es relevante si el protagonista acaba convertido en *alguien* o a hace *algo*; en cambio, el destino de la heroína siempre es el mismo: casarse. Sin importar cuál sea su carácter, no llegará a ser filósofa, artista, general o política).

La historia de amor es (para las mujeres) *bildungsroman*, éxito, fracaso, formación y la única aventura posible todo reunido.[14]

Como dije antes, la ficción gótica moderna es un reflejo exacto de la mística de la feminidad y una versión enaltecida de la vida que llevan muchas mujeres. El aparente sadomasoquismo del género es, en parte, un artefacto de la premisa narrativa, esto es, que la heroína debe ser pasiva (o incompetente) en situaciones que exigen de forma abrumadora acción y decisión. Por lo tanto, toda conexión que tenga con esa situación deberá ser la de víctima. Es posible que en parte sea «masoquismo femenino», pero, incluso cuando los matices sadomasoquistas son más fuertes (como en *Nightingale*), el sufrimiento de la heroína sigue siendo la acción principal de la historia, *porque es la única acción que puede llevar a cabo*. El gótico moderno, como género, es un medio para que una heroína femenina de acuerdo a la convención pue-

---

[14] Piénsese en la reciente película sobre Isadora Duncan, que se centró en su vida sexual, no en su danza ni en el bolchevismo (que consigue convertir en algo simplemente ridículo). Con todo, *Isadora* tuvo que cambiar de título y añadir un *The Loves of Isadora* (*Los amores de Isadora*).

da ver validada, justificada y enaltecida hasta el extremo su propia situación (con lo dependiente y limitada que es) sin convertirse en un personaje activo ni en aventurera sexual, ya que en ambos casos transgrediría la moralidad de la feminidad convencional.

1. Las tareas domésticas y similar están prohibidas: estoy de vacaciones.

2. Soy de clase media-alta, no media-baja.

3. He conseguido el ascenso social a través del matrimonio.

4. Soy una buena chica: humilde, no excesivamente guapa pero sí bastante guapa, no demasiado rica pero sí lo bastante rica, mujeril, cariñosa, dependiente y, en cierto modo, «en la media» (aunque soy excepcionalmente apreciada).

5. El supervarón *existe de verdad* (aunque todas las pruebas apunten a lo contrario).

6. Él *me ama de verdad*, aunque yo no sea extraordinariamente bella, brillante, talentosa, famosa ni rica. No entiendo por qué me ama, pero lo hace. Puede parecer que me trata mal o con rudeza, pero, aun así, me ama.

7. No hago nada. No tengo que hacer nada. Por el simple hecho de existir yo, brotan emociones y actos violentos.

8. Se me recompensa por ser buena. Las mujeres de mundo, bellas y sexuales de forma enérgica, son malvadas y reciben su castigo en consecuencia. No les gustan *de verdad* a los hombres.

9. Tengo relaciones de gran intensidad emocional con el espacio: casas, climas, la naturaleza... (en estos libros, las descripciones de paisajes suelen ser las mejores).

10 Llevo ropa bonita y de aire romántico (nada sexi ni extravagante). La ropa tiene una gran importancia.

11. *Mi valor sexual es mi valor personal y es respetado por todo el mundo, salvo por los malvados y las malvadas.* El deseo de los hombres atestigua mi valía personal e individual. No tengo carácter, intereses ni logros, pero quien los tiene termina mal (si es una mujer).

12. Tengo un don para interpretar gestos y emociones. Esta aptitud no se «desperdicia» con tediosas tareas cotidianas, como atender las necesidades de las criaturas ni el mal humor del marido, sino que es algo esencial para salvar mi vida y la felicidad de los míos (aunque llegue a conclusiones equivocadas, mi lectura constante, intensa y desbordante de las emociones de todo el mundo sigue estando justificada).

13. Si no sé lo que está sucediendo, no pasa nada: mi hombre sí lo sabe.

14. No puedo salvarme, pero mi hombre lo hará por mí.

15. La vida con el supervarón es *realmente satisfactoria.*

Lo traducimos:

1. Ya que debo ser pasiva, al menos, lo aprovecharé tan bien como pueda.

2. Ya que debo sufrir, lo haré con espectacularidad y a todo trapo.

3. Me muero por ser parte de esos robos de joyas, asesinatos y demás cosas emocionantes.

4. Mi hombre me trata mal porque es masculino, no porque sea malo. Hay hombres malos y buenos; el problema es distinguirlos. Hay mujeres malas y buenas y yo no soy una mujer mala (léase: sexual, enérgica).

5. Los hombres convencionalmente masculinos son buenos hombres (aunque me traten mal) y las mujeres convencionalmente femeninas son buenas mujeres. De esta forma, resulta sencillo juzgar cualquier comportamiento. También valida los roles sexuales convencionales.

6. Me aburro y, por lo tanto, hago una montaña de un grano de arena.

7. *Algo* intenta hacerme daño y hacerme trizas, pero no sé qué es. Sospecho que es mi hombre (o los hombres, en general), pero es una idea impensable.

8. Nadie me respeta, a no ser que sientan atracción sexual por mí o se beneficien de mi abnegación (léase: me tratan en la medida de mi utilidad para ellos).

Conclusión: Voy a leer otra novela gótica.

Anexo – Citas

Supervarones

Lake:

[...] su jovialidad peculiar y burlona (pág. 12).

[...] los ojos amusgados por la risa (pág. 20).

[...] ceño fruncido en una de sus tormentas de impaciencia [...]. De pronto, ella supo cómo eran los tres hombres: keas bajos y fornidos, vigilantes y astutos. Ellas, la trémula Katherine, Margaretta con su infantil vestido, y ella misma, impulsiva, atolondrada y no muy osada, eran los indefensos corderos (pág. 20).

Gabriella:

Nick se podía mover con la rapidez de un tigre cuando quería (pág. 39).

[…] mis explicaciones no sirvieron para que Nick dejara de estar enfadado conmigo (pág. 106).

[…] tenía el aspecto resuelto de un hombre sano y disciplinado. El cabello muy oscuro, y la boca, larga y ágil […] (págs. 6-7).

Conocía demasiado bien esa chispa de determinación que apareció en el rostro de Nick (pág. 47).

[…] Nick era un maestro de judo… (pág. 71).

Columbella:

[…] de unos treinta y tantos años, vehemente, alto, bastante imponente. El tipo de hombre que hacía que me sonaran las alarmas a primera vista (pág. 20).

Era un hombre fornido y tuve que alzar la vista para mirarlo, aunque soy bastante alta. Tenía los ojos de un color marrón muy oscuro y las pobladas cejas le recortaban la frente, acentuando la estructura ósea angulosa y marcada de su rostro. Su cabello era tan oscuro como sus ojos […], unos profundos surcos le recorrían las mejillas (pág. 21).

Evils:

[…] un tipo corpulento […], se quedó de pie observándonos con aire combativo (pág. 39).

[…] y casi con desdén, mirando sus enormes pies y las zapatillas mugrientas que llevaba puestas […] dobló una mano de aspecto siniestro […]. Parecía voraz en todos sus apetitos. Capaz de tomar sin piedad ninguna lo que quería (pág. 41).

[…] su indisimulado atractivo masculino (pág. 85).

He aquí un hombre que podía manejar mujeres con bravuconería (pág. 96).

[…] insolente arrogancia (pág. 97).

La sentía. Esa vitalidad animal pura y desenfrenada […], este hombre feroz, acechante, casi salvaje […], esta turbulenta avalancha de cruda sexualidad (pág. 98).

Dark:

Esos ojos. Al mirar esos ojos, de pronto olvidabas […] las cosas tediosas que podrían estar molestándote […]; en cuanto tocaba las teclas del piano no podías hacer otra cosa que escuchar. Se movía o reía o hacía cualquier gesto trivial con las manos y solo podías observarlo (págs. 17-18).

Jon siempre conseguía lo que quería… Si quería a una mujer, bastaba con que alzara un dedo; si quería dinero, fluía suavemente a su cuenta bancaria; quería que fueras su amiga por alguna razón y te hacías amiga suya (pág. 22).

Jon pidió la comida, escogió el vino y dejó a un lado el menú y la carta de vinos (pág. 61).

[…] Jon pasó dos horas haciendo complicadas conferencias transatlánticas y atendiendo urgentes compromisos de negocios (pág. 66).

Nightingale:

[…] arrogancia, un aura de orgullo oscuro y metálico (pág. 12).

[…] alto, imperioso (pág. 13).

El mismo rostro, delgado y moreno bajo una frente alta en la que nacía una tupida mata de cabello negro casi azabache. Ojos grises, de una fría seguridad, bajo las anchas cejas (pág. 34) .

La furia le cruzó el rostro como un relámpago. Su voz era tan cortante como el acero mejor afilado (pág. 39).

Heroínas

Columbella:

Mi madre me había dicho demasiadas veces que había nacido para quedarme soltera y cuidar de otros (pág. 9).

[…] mis únicos instintos naturales eran ayudar, apoyar, defender (pág. 27).

[…] se adueñó de mí una soledad que lo abarcaba todo (pág. 34).

Acercó la mejilla a mi cabello y oí, sin asombro, las palabras que susurró. Eran palabras dulces y tiernas como «querida» y «amada» (pág. 124).

Gabriella:

Llevo gafas […]. Cielo santo, cuando empecé a usarlas, caí en una honda tristeza… Tengo la boca grande de la familia y la nariz chata, como la de Maxine, solo que la suya tiene unos orificios anchos y hermosos, que le dan un aire dramático y desafiante (pág. 13).

«[…] ellos y sus antepasados nacieron en cautividad. Karen, querida, hay cosas que están mejor así. ¡*Tú* eres una de ellas!» (pág. 185).

Él reaccionó igual que haría una madre que, luego de haber temido por la seguridad de su hijo, lo abofetea cuando llega a casa sano y salvo (pág. 106).

Evils:

Tenía veinticuatro años. Hasta que Mark entró en mi vida, nunca —nunca jamás— salí con nadie.

«No es que te falte atractivo —me dijo una vez mi única amiga íntima—. Tienes una cara adorable y serena, y unos rasgos muy delicados. Incluso tienes muy buena figura, si te pusieras algo decente [...], eres tan callada y retraída que nadie tiene ocasión de conocerte de verdad...» (pág. 7).

[...] cuando tenía doce años, mi madre me envió [...] a un campamento de verano (sobre todo, como ya me di cuenta entonces, para deshacerse de mí) (pág. 8).

«Sí, Tracy, estabas unida a una mujer egoísta e intratable...» (pág. 8).

Lake:

«[...] mi padre no tenía hueco para mí, como mucho tendría que meterme entre el ala y el tren de aterrizaje de su nuevo avión. Y para mí madre, no era más que una vergüenza...» (pág. 14).

Obedecer sus órdenes [...] se hizo costumbre (pág. 15).

Alice se sentía inconmensurablemente desamparada (pág. 65).

Se sentía tan sola, tan poco deseada (pág. 82).

[...] la mirada de él se hizo dura y despectiva (pág. 109).

Si no lo hubiera conocido tan bien [...] no habría advertido los sutiles toques de desprecio (pág. 123).

«¡Ay, querida! ¡Mi pobrecita Alice! ¡Mi maravillosa, chiflada y valiente cabeza de chorlito!» (pág. 189).

Nightingale:

[…] mi terrible inocencia (pág. 12).

Había dejado atrás la etapa de avergonzarme de nuestra vida ermitaña (pág. 17).

Estaba tan sola como Emma. Ella mendigaba dinero a desconocidos. ¡Yo suplicaba por amor! (pág. 44).

Traté de imaginar lo que sería estar de vacaciones, vestida con ropa alegre y estrafalaria, y el bolsillo lleno de dinero. Pero no fui capaz (pág. 104).

«Melly, ¿es que no crees en tu belleza? ¿No estás acostumbrada a que los hombres la valoren?». Negué con la cabeza (pág. 107).

Dark:

[…] su visión clara y sin dobleces de la vida, y la ingenua confianza que él tanto amaba (pág. 40).

La voz de Sarah, dulce y cantarina (pág. 45).

Tras su alegre sonrisa y el entusiasmo de su mirada, Sarah se sentía pequeña, perdida y angustiada [...] estaba atrapada en un violento rapto de nostalgia y no pudo contener las lágrimas (pág. 65).

Se abochornaba, no estaba a la altura y siempre le fallaban las palabras (pág. 72).

[...] unas lágrimas que no quería derramar le ardían en los ojos [...], todo se volvió borroso y pudo ver más (pág. 73).

«Te amo —dijo él, con la voz trémula—. Te amo, te amo, te amo, y nunca jamás tendrás que pasar por nada parecido» (pág. 158).

Varones sombríos (todos, asesinos)

Evils:

[...] la dulzura [...], la tierna consideración por todo lo que hacía y decía yo, el ánimo sereno [...] un compendio de todas las elegantes estrellas inglesas que había visto en las sesiones de cine nocturnas [...] los ojos de un suave color azul con algunas arrugas, las pestañas largas y rizadas, el rostro apuesto y anguloso, que se encendía de diversión (pág. 13).

[...] la boca delicadamente sensual (pág. 35).

Lake:

[…] un rostro redondo y sonrosado, sorprendentemente joven bajo las canas. Los ojos de aquel hombre eran claros y sonrientes. Tenía un aspecto muy agradable […] su buena planta y el apretón de manos firme (pág. 19).

Transmitía una sensación de amabilidad, sentido común y absoluta confianza (pág. 35).

[…] sus modales tranquilos y anticuados (pág. 37).

Desprendía un agradable olor a jabón de afeitar (pág. 102).

Dark:

[…] un hombre alto, discretamente bien parecido, con ojos tranquilos y gesto de fuerza en los labios […], cuando ella le devolvió el saludo, se dio cuenta de que su inicial cautela y todos sus escrúpulos se disolvían en una mirada más imparcial, y de que había calidez en sus ojos y amabilidad en su boca (pág. 112).

[…] bien arreglado, vestido con elegancia y de unos treinta años. Demasiado rápido, quizá. Se ha pasado la vida ocupándose de los problemas de otras personas (pág. 126).

No se apresuró [...], con calma, con un ligero aire de irritabilidad (pág. 134).

[...] obligado a luchar en defensa propia (pág. 135).

La otra mujer

Columbella:
Nunca había visto yo a nadie tan arrebatadoramente viva (pág. 25).

[...] qué belleza la de su figura, vestida en rojo y dorado (pág. 62).

Era una mujer peligrosa..., y malvada, ¡malvada! (pág. 82).

Se movía como una pantera..., una niña malcriada..., peligrosa... con la crueldad impulsiva de una niña (pág. 94).

[...] su extraña naturaleza retorcida (pág. 119).

[...] el único hombre que nunca había poseído...; no se detendría hasta destruirlo por completo (pág. 138).

Nightingale:

[…] una joven sofisticada, que llevaba su ropa de modelo como si hubiera nacido para ello […], sus gestos eran libres y gráciles, como los de una princesa en posesión indiscutible de todo horizonte a la vista (pág. 84).

Lake:

A Camilla le encantaban los embrollos emocionales. Para ella, eran la sal de la vida (pág. 15).

«[…] tiene a toda la población masculina a sus pies… ¿Cómo lo hace?» (pág. 13).

Era una diablilla… Una siempre terminaba perdonándole a regañadientes su escandaloso comportamiento (pág. 117).

Los ojos de Camilla se llenaban de esa expresión de soñadora adoración siempre que lo deseaba (pág. 24).

[…] esa brujita caprichosa (pág. 26).

Era atractiva…, pero atolondrada, amiga de halagos, poco fiable y […] extraordinariamente deshonesta (pág. 32).

Gabriella:

[…] una abundante cabellera rojiza cubría una cabecita imperiosa; ojos de un verde broncíneo, que parecerían inquietos incluso en una fotografía; unos labios carnosos, de gesto voluble y caprichoso, y una figura tan esbelta que se podría caer en el error de pensar que era frágil (pág. 8).

La habían educado para creer que todo lo que el dinero podía comprar sería siempre suyo. No estaba hecha para el trabajo y tenía una aversión innata por la disciplina... Pero sus ventajas eran enormes. No solo era guapa, sino que poseía ese magnetismo femenino que es el arma más poderosa que una mujer puede tener en la vida (pág. 11).

[...] siempre impulsiva y testaruda (pág. 198).

Dark:

[...] la voluptuosa indolencia, los movimientos lánguidos, el espantoso aburrimiento ahogado, pero nunca muy por debajo de esa superficie exuberante (pág. 23).

[...] cuánto amaba la vida, aunque vivir solo consistiera en existir [...] lejos del glamur de Londres (pág. 63).

Se comportaba como una niña mimada... Coqueteaba en la fiestas de fin de semana y le hacía pasar a Jon por un infierno [...] con sus rabietas y caprichos [...]. Hacía alarde de su infidelidad (pág. 103).

Llevaba pantalones negros ceñidos y […] una blusa *halter*, una prenda de muy poca tela que dejaba al descubierto el abdomen y una cantidad indecente de escote (pág. 104).